ある公害・環境学者の足取り

追悼 宇井純に学ぶ

宇井紀子 編

亜紀書房

宇井純　40歳　1973年頃

第3回国際水質汚濁会議　西独ミュンヘンにて
1966年9月5日～9月9日

WHO留学中
ウィーンにて
1968年8月～69年10月

自主講座「公害原論」
東京大学工学部にて

自主講座 「公害原論」
荒畑寒村氏と宇井純対談。参加者1000名を超え、工学部大講堂に入らず、
東京大学安田講堂前にて
1971年5月

自主講座「公害原論」
荒畑寒村氏と対談
1971年5月

15年間にわたって続けられた東京大学での
自主講座「公害原論」が終幕
1986年2月5日
(撮影　桑原史成)

感謝と送別の会。右端に紀子夫人
1986年2月5日夜
この年の春から沖縄大学の教授に
(撮影　桑原史成)

東大安田講堂に故人を偲びつつ1000人が集った
2007年6月23日
（撮影　広瀬美紀）

安田講堂　公開自主講座「宇井純を学ぶ」
2007年6月23日
（撮影　広瀬美紀）

書道家・紀子夫人の個展「静心展」　銀座の画廊で
2000年3月20日
（撮影　広瀬一好）

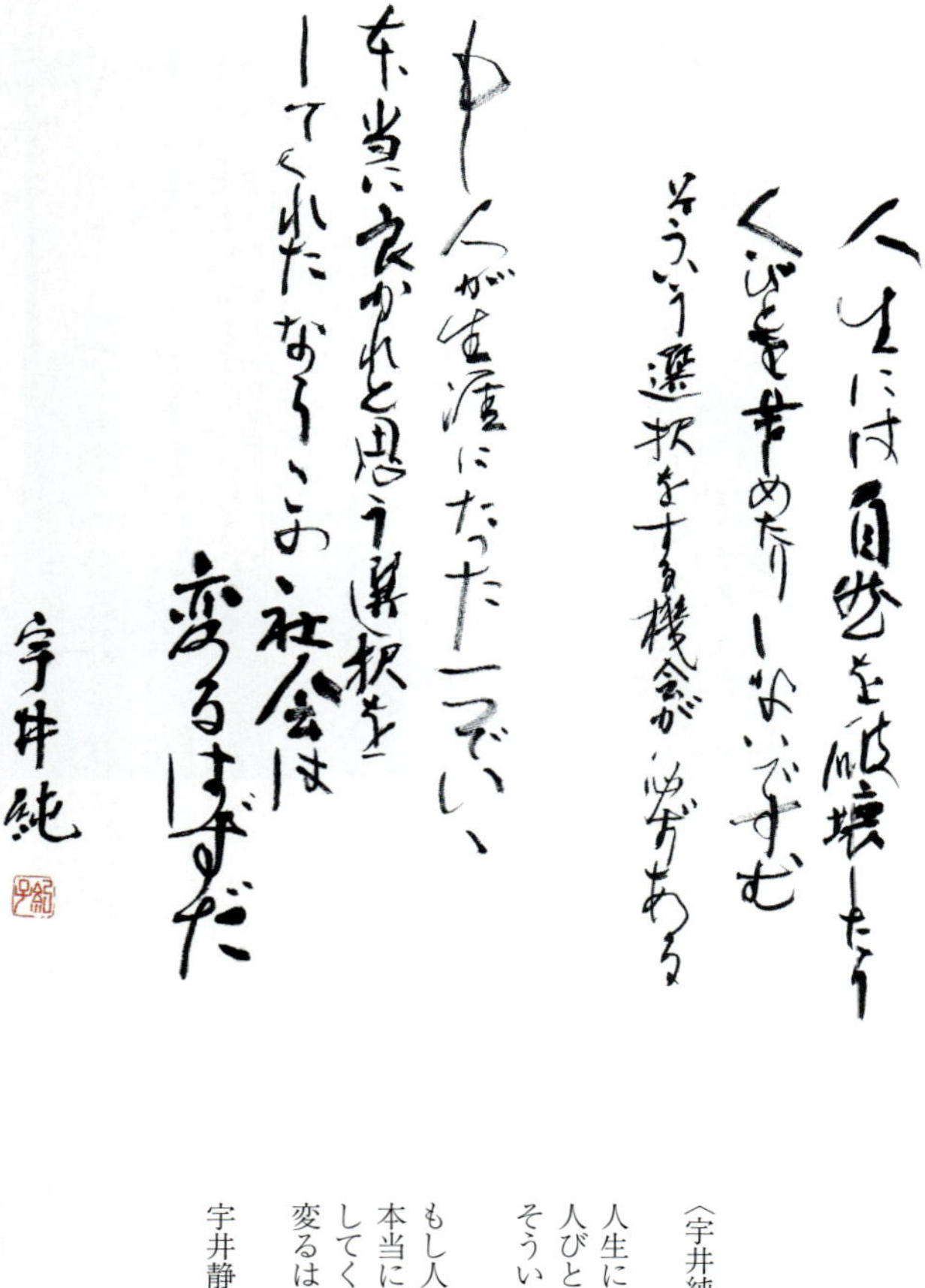

〈宇井純のことば〉

人生には自然を破壊したり
人びとを苦しめたりしないですむ
そういう選択をする機会が必ずある

もし人が生涯にたった一つでいい
本当に良かれと思う選択を
してくれたならこの社会は
変るはずだ

宇井静心（紀子）書

ある公害・環境学者の足取り

追悼 宇井純に学ぶ

宇井紀子 編

亜紀書房

ある公害・環境学者の足取り
追悼　宇井純に学ぶ

目次

水俣病の原因究明　115

公害の追及　179

現場との出会い

沖縄の環境と適正技術

未来への布石　291

本書の成り立ち

二〇〇六年一一月一一日、宇井純先生は一年余の闘病生活を経て、都内の病院で七四歳の生涯を閉じられました。全国から多数の弔問を得て葬儀が営まれ、ご逝去はマスコミでも大きく報道されました。

列島各地の公害を告発し、学問や科学技術のあり方を全身で問い続けた故人の足跡には、時代や現場を共有した世代はもとより、書物と伝聞を通じて知る世代からも関心や共感が寄せられ、大牟田での偲ぶ集い（〇六年一二月）に始まり、沖縄での集い（〇七年十月）、六月には東京で昼夜にわたる自主講座や集い（〇七年六月）——が開かれ、故人の研究と実践を語る輪が、幾重にも広がりました。

このたび、奥様の宇井紀子さんからのご依頼を受け、集いの冊子への寄稿や当日の談話を中心に、この追悼集を編みました。故人が晩年に記された自伝を併載しましたが、追悼寄稿を合わせ鏡のような形でお読みいただければ幸いです。

出典は、それぞれの稿の末尾に記載の通りで、記載ないものは書きおろしていただいたものです。再録や寄稿にご協力くださった皆様へのお礼はもとよりですが、突貫工事のように作業をしたため、故人を偲ぶ多くの方々の声を収載しきれなかったことをお許しいただければ幸いです。

三回忌に当たり、心より宇井純先生のご冥福をお祈りいたします。

二〇〇八年一一月

亜紀書房編集部

ある化学技術者の足取り

宇井 純

幼少期、少年期の体験

父が中学教師であったので、土浦、常陸太田、水戸と茨城県の中小都市で生活したこと、小学校が県の女子師範の実習校で、実験室などの整備がかなりよかったことが、私を科学少年の道に駆り立てた。日中戦争、第二次大戦、国民学校における軍国主義教育の中で、あまり体力に自信がなかった私は、軍人志望をあきらめて、銃後の科学研究に集中せざるを得なかった。そこは実習校の強味で、たとえばこの学校で私はスンプ法などというものを修得したことがある。これは光を通さないために顕微鏡でよく見えない物体の表面などに、コロジオンを塗布してその膜をゆっくりとはぎ取り、必要があれば銀などのスパッタリング技術で凹凸を見えやすくすることもできる。当時最新の技術とされていたものを小学生が操作していたのである。朝顔の花の汁を酸・アルカリの指示薬に使ったり、ジャガイモデンプンのヨードとの呈色反応を習ったりという実験をやったのは、たしか二年生の時だった。

中学に入るとすぐ敗戦になり、私の一家は栃木県壬生で開拓農民の生活をすることになった。農民上りの軍人だった祖父が、天文学や気象学をかじっていたおかげで、気温から初霜、晩霜が予測できたり、天候の長期予報とその年の作物の植え付け計画を相談したり、科学技術というものは生きるために役に立つのだということを身体で学んだ少年期であった。不思議なのは原料がほとんど自然物質である化学肥料が高いことで、何とかそれを安く作ろうと考えて、応用化学に進学することとした。

中学時代に読んで、強い影響を受けたのは、シェンチンガーの『アニリン』だった。虚実取り混ぜてドイツ化学工業の発展史を描いたこの小説は、戦争中ずいぶん売れたらしい。日本ゼオンに入って師事した古谷正之さんもこの本を読んで化学を志したという。ほかにもそういう体験を語ってくれた友人がいた。

民科T班との出逢い

ところが大学に進学してみると、高校ではほとんど習わなかった経済学というものがあって、資本とか利子とか、労賃を考えてみても原料が只だから製品が只になるというわけには行かない。結局化学肥料を只にするのはあきらめて、当時農業に導入されてその効果がやはり非常に顕著だった農業用ビニルフィルムの原料、塩化ビニルの樹脂の工業生産に方向を転ずることにした。これは一九五〇年代、理論的にも新しく入って来た高分子化学、高分子物理学の活発な議論と生産が結びついていて、大学の中でも最も面白そうな分野だったが、セルロース化学に固執していた東大は明らかに合成高分子では立ちおくれていた。ビニロンを作り出した京大や、加工面での理論の応用がめざましかった大阪市大などに比べて講義の質も低く、教授側は英文の教科書をアンチョコに使っていて、学生側はその本をさがしあてて海賊版で入手する、そんな具合に講義が進行していた。

民科T班（現代技術史研究会の前身）に加入していた私は、一生を化学工業資本に捧げるつもりはなかった。内心は研究者として大学に残りたかったが、家庭の事情でそうも行かず、就職する他に道はなかった。先輩の話を聞くと、入社して三～四年はとても使いものになるものではなく、払った給料だけのかせぎが期待できるのはその三～四年が過ぎてからだという。私を含めて工学部の悪童連中は、それならば始めの三～四年は給料をもらって勉強しているようなものだ。三～四年たって向うが元を取ろうとするころに、こちらは会社をやめると丸々得になると勘定して、三～四年で一番勉強になる会社はどこか、そういう会社の選び方をしていた。塩化ビニルでは日本の最高水準といわれるチッソ水俣工場は、これは主任教授の首席だという保証状がないと受験さえさせてくれないから無理である。米国から最新の技術を導入したという日本ゼオンを何年か見て来るのも悪くないか、ちょうど高岡工場を建設するところへ入社すれば工場建設から一通りの工程を経験することができるだろうと考えて、日本ゼオンに入社し、希望通り高岡工場の何もない更地の現場に配置してもらった。

ようやく雪がとけて、土が顔を出した土地への杭打ち、トロッコの線路引きから仕事ははじまった。測量した杭をつないで塀のための支柱を立てようとした私たちを、指揮していた事務部長はどなりつけた。「そこじゃない、二メーター外側に立てるのだ！」まず資本主義の組織のもとの人間というものを経験させてくれた現場であった。しかし一緒に働く高卒の仲間は十数倍の競争をくぐり抜けて来た青年たちであった。その中で私たち大学卒というのは、仕事が出来なくて給料が高い存在であり、仕事の面ではむしろ厄介者であったかもしれない。工事がだんだんに進んで、建物の中に装置が組み込まれ、試運転が行われるようになると、ここでは大学で学んだ化学工学が役に立つようになる。なぜこの塔の直径はこれだけあって、パイプの太さがこうなるのか、私と高卒の職工有志数人の間でこういう実際の生産設備を分析評価し、その運転とつなげる小さな勉強会が作られた。高卒工員のかなりの部分は工業高校卒であるから、私の説明についても理解できるだけの素養をもっていた。こうして毎日の工場運転のための勉強会が作られ、それが現場での毎日の作業の基礎理論にもなるのだが、これが人事の連中からは組合活動のための組織活動であると見られて、工場からの転出第一号にされる理由となった。

私が高岡工場の現場で働いたのは一年半ちょっとでしかなかったが、この時期に工場労働とはどういうものであるか、十分に身につけたように思う。それは一つまちがえると命にかかわるような危険をも含んだチームワークの仕事であり、その協力のよしあしによって生産の効率も大幅に左右されるものであった。それは製品の生産量によって結果が出ることもあれば、機器の耐久性に現れることもある。現場の毎日のマニュアルにくまなく規定されているように見える作業の中にも、経験と理論に裏付けられてうまく行くものもあれば、どういうわけか思い通りに行かないものもあり、掘り下げて調べてみるとその原因がわかることもある。そして毎日安心して働けるのは、何十人かの三交替の班の仲間の協力、更には工場全体の協力の空気が大切であるということを学んだ。

工場から営業へ

だがこの時期に神武景気と呼ばれた好況は終わり近くなり、やがて不況が高岡工場を直撃した。私は突然事務に呼び出され、東京本社の営業行きを命じられた。どうやら工程の勉強会が組合活動の一つと見なされたことや、組合の執行委員としてこの高岡地区の労働安全統計などを労働基準監督署に調べに行ったのが、会社側に通告されたことなどで私が目立ちすぎたというのが真相らしかった。それにしても監督署に調べに行くと会社に知らせが行くような仕組みになっているとは、一つ私も勉強になったことだった。五七年十二月初雪の夜に夜行列車で私は高岡を出発したが、その時の盛大な見送りと、工場製造課長の「この男は東京へ出て勉強して、ゼオンの宇井というより、日本の、世界の宇井といわれるようになるかもしれない」という妙な見送りのあいさつは、半世紀近くたってもおぼえている。

東京で配属された営業部は、技術課長の古谷正之氏の下だった。日本ゼオンの特徴は、営業部に技術者がいて、加工業者のいろいろな注文に対応する、いわゆるセールスエンジニアの活動にあった。その中でも塩化ビニル樹脂の軟質から硬質への展開の中心にあって加工業者を指導できるほどの経験を積んだ技術者として、日本ゼオンの古谷さん、三菱モンサントの清水さんといえば、この分野での双璧といわれる人の下に私はつくことになった。古谷さんの机の上にうずたかく積まれてゆく内外の技術文献を土曜日の午後、紫の風呂敷に包んで持って帰り、月曜の朝には私たちにこれとこれを読めと指示するのである。しかもその指示は悉く核心を突くもので、一体この人の頭はどうなっているのだろうか、しかも大筋は先端の高分子化学、物理学の成果を成分の配合などに取り入れて、次々新しい用途を開拓する仕事の先頭に立っているのであった。私はここで東大などでは滅多に見かけなかったプロの技術者というものに出会ったのである。

古谷さんにめぐりあって、営業の世界でもたしかに学ぶものがあると考えるようになるころ、半年あまりで私は今度は大阪の営業所に飛ばされる。入社してそろそろ三年、逃げ出す時期だろうかと考えるようになったが、古谷さんは香港に加工工場を作る計画があるから、よかったらそこへ行ってみるのはどうかということになった。それまで大阪で関西のプラスチック加工業を見て勉強しろというのである。私もこれには食指が動いた。大阪に赴任してみると、これは東京とは全くちがった生々しい市場経済である。「どや、もうかりまっか」からはじまって、売れてなんぼの世界なのだが、その中でも古谷さんの評価は極めて高い。どういう物を作るにはどのような配合を用意すればよいか、零細企業のおやじにもわかる説明で教えてくれる。もう一つ東京になくて大阪で活発に動いていたのは、大阪市大と市工研にある高分子の講座である。特に大阪市大の井本先生の講義には、モグリの町工場のオヤジが大分いるという評判であった。東大などでは考えられない状況である。正直なところ東大では外来の理論を学生に教えるのが精一杯で、町工場のオヤジにわかるようにかみくだくことはできていなかった。

そういう町工場へサンプルを持って売り込む仕事は、東京の本社ではあまりまわって来なかった。本社での毎日は、客先向けの技術資料を編集しながら、客先や代理店からかかって来る電話に返事をすることだった。実は営業課には縁故採用で入社した親会社の重役のドラ息子たちがゴロゴロしていて、朝から麻雀と車と女の話、そこへ電話が来ると「はい、技術屋に代わります」ということで仕事はそのままこちらへ流し込まれるのだった。

ヘップサンダルとフラフープ

大阪営業所は所帯が小さく、ドラ息子もいないので、私なども代理店員と一緒に製品のサンプルを持って買い手のところへ行き、売り込む作業をやらされた。これがまた大変に勉強になる仕事で、大阪の猪飼野や神戸の長田町あたりにある零細企業の集団がそれぞれに職能でつながり合い、一本の煙突の立ったボイラーのまわりにスチームを買うのでむらがっている中をゴムやビニルのシートがカット、縫い合わせ、型詰め、加硫などと順次別々の会社で加工されて、一方から製品が出て来る、いわばコンベアの代わりに小さな工場がむらがり、その日その日を食べているのを見た。ちょうどオードリー・ヘップバーンの「ローマの休日」が大当たりをしたころで、彼女がはいていたサンダルが、ヘップサンダルという名前で大量に作られた時であり、それにつづいてフラフープ騒動という、これもポリエチレンや塩ビのパイプ押出業にとっては天佑のような流行を経験した時期でもあった。こうして私は関西の零細産業のエネルギーを見ることができた。そこには大学などにはないダイナミックな世界があるのだった。しかしそこで生きている人々にとっては、毎日が生きるか死ぬかの努力であった。昼はこうしてサンプルをかかえて工業地帯をかけまわり、夜は大口の客先を北やミナミのキャバレー、バーで接待する仕事があった。こちらはあまり性に合う仕事ではなく、勘定をごまかされないように見ているのが仕事だから酒もほとんど呑めなかった。

大阪の生活は結構面白かったが、運動不足で急に太り息が苦しくなって来た。古谷さんが水面下で工作していた香港での工場作りの構想が頓挫するので、私は予定通り三年でこの会社の各部を一わたり経験したことで大学へもどることにした。まだ社長はやっていないが、そこへ行くのは三十年位かかるだろう。

大学へもどり水俣病に出逢う

しかし会社をやめることは、独身貴族の安易な生活を直撃した。大学へもどっても研究テーマはすぐには見つからず、精神面でも大きな打撃を受けた。そのような時に研究室に流れて来たのが水俣病の話である。水俣に人が狂い死にする大変な病気が出ていて、その原因が工場排水の中の水銀ではないかとの説があるといううわさがどこから来たのかよくおぼえていない。しかし私には思い当たる節があった。高岡工場でアセチレンと塩化水素から塩化ビニルモノマーを合成する際に、たしかに塩化水銀を触媒として使っていたし、そこから下流の精製過程では、パイプや装置のあちこちにキラキラ光る金属水銀を見ることが普通であり、整備、掃除を担当した私は、あまり考えずにその水銀を下水に流していた。もっとも、水銀の毒性については知っているから、工場から外へ流すのは深夜の仕事だった。そういう体験から、私は自分の流した水銀が気になったのである。

東京でまず出来ることは、通産省や経済企画庁へ出かけて、関連のありそうな情報を集めることだった。お役人たちも大体は先輩であり、身内のようなものである。快く関係書類の束を見せてくれたし、二部、三部と重複のあるものについては、分けてもらえることもあった。熊本大学がようやくたどりついた水銀について、他の地域でも水銀汚染はあるのに水俣病はないという東工大の清浦雷作教授の反論は、一見もっともらしいがかなりうさんくさい感じがした。工学部の教授なら日本で最大の水銀触媒を使った工場が水俣であることくらいは知っているはずだったから。しかし通産省あたりでは清浦の反論は大分もてはやされていた。そのうちに十一月二日の漁民乱入事件が起こって、これで水俣病の存在が全国に知れわたることになる。しかし実は十月はじめには酢酸工場の排水を投与したネコ四百号に、典型的な水俣病の症状が出ていたのであった。従ってそれ以後の水俣病の因果関係に関する議論は、すべて本来は不要なエネルギーの浪費であったが、その当時の私にはそこまではわからなかった。

日本ゼオンをやめてからの研究生としての一年は、今ふり返ってみても二度とくり返したくない経験だった。将来を約束した女の子はいなくなり、心臓神経症の症状は悪化し、実験研究の方向は目途がつかず、ただ水俣病のニュースの悲惨さだけが、私よりも苦しんでいる人間がいるという支えになった。日本ゼオン大阪営業所で顔なじみになったお客が、大阪へ来ることがあったら顔を出せという話があった。東大応化では三年の春休みに見学旅行があり、東海道から九州まで、先輩のいるめぼしい工場の寮などを泊まり歩いて、ごちそうになりながら勉強もする企画があった。私は研究生ということで九州西海岸、つまり水俣までのグループにもぐり込んだ。水俣工場でごちそうになった先輩に、それとなく水俣病の話を聞いてみると、魚がとれなくなった漁師が腐った魚を食べて、有機アミンか何かで中毒したらしいという清浦説を口うつしに話してくれた。当時の熊本大学の研究結果では、工場から出ている水銀は無機態なので、それが海中でアルキル化して、アルキル水銀に特有な症状が出るのだろうという見解が主だったが、排水口に立って海を見ているうちに、始めから有機水銀が出ていた可能性もあると考えるようになった。この見学旅行の帰途大阪のスクラップ屋に寄ってみると、塩ビの配合について相談に乗ってくれれば月給を一万円出すというえらいありがたい話で、二つ三つ思いつきを話すと、いろいろ工夫して五つ六つの配合を試すから、そのうち二つ三つは当たるということになる。この猪飼野のスクラップ屋とのつき合いは向こうがつぶれるまで二年あまり続いたが、この金が水俣に通うのを大いに助けてくれた。この猪飼野の一角に、ゴム、塩ビのスクラップ加工業を中心とした巨大な朝鮮人部落がなぜ出来たのか、その時は知らなかったが、一九四八年の四・三事件といわれる済州島の蜂起と弾圧をのがれて大阪へ来た人々が中心であり、私の水俣病研究もそのようにアジアの政治情勢とつながっていたことを知ったのは大分あとだった。

私が入学した応化の大学院では、ちょうど塩ビ協会の共同研究という二千万円のプロジェクトが私のいた森研究室に持ち込まれ、実質的に私が中心になってプラスチック溶融体の流動特性を押出機を使って大がかりに測る研究が進んだが、これはやはり大阪などで加工工場の現場を見ていた体験が研究計画を立てる上で大きく役立った。ポリエチレン、ポリプロピレンなど加工のやさしい材料からはじまり、塩ビに到るまで約二年、塩ビメーカー各社から人も出て、かなり大がかりなグループ研究をやることができた。ほとんど毎週のように学会発表を行い、デュポンの研究所の人間と競争をして二週間抜いた。これで先端の競争をひとまず体験し、あとを仲間に引き継いで私は土木工学の博士課程に転科した。

土木工学へ転科

応用化学の中では廃水処理などを研究する場所がなく、一番近いのは土木工学科の上下水道の講座だった。医学部の公衆衛生学が一番近そうに見えたが、よく見ると東大医学部はチッソと日本化学工業協会（日化協）から金をもらって水俣病もみ消しのための研究を行っていて、そんな恐ろしいところへ行く自信はなかった。

このころ、現技史研の中で公害を研究する必要があると考えた数人が小さな勉強会を作った。中心になったのは飯島孝、伸子夫妻、近藤完一、増賀光一、高橋昇、高橋益代、それに私が加わり、問題に応じて二〜三人が出入りしたというところだろうか。私は水俣病を担当し、飯島孝氏は廃棄物のネガティブフローシートという考え方を、日本揮発油の仲間と展開させた。伸子氏が大学院で学ぶ決意をしたことは、後に日本に環境社会学を根づかせる原因になった。研究会が形成されて間もない一九六三年から六四年にかけての三島・沼津コンビナート反対運動の成功は、この研究会が現地へ出かけて調査するよい題材になったし、私が調べた水俣病についての報告は、はじめ高橋昇氏が編集する会誌、次いで近藤完一氏が編集する『月刊合化』に、ほとんどスペースの制約なしに発表され、たまたま発生した新潟の第二水俣病でちょうどよい資料として活用されることになった。

実は私と桑原史成氏の二人は、チッソの付属病院の聞き取りから工場内でのネコ発症実験の成功を知り、すでに引退していた細川一院長をたずねて工場内での研究の全貌をとらえていたが、細川博士はその段階での公表は会社側との力関係から考えておそらく効果はないだろうと忠告してくれた。何しろ東大医学部の主流の学者たちは会社と日本化学工業協会から研究費をもらって田宮委員会なるものを作り、熊本大学が発見した水俣病と水銀の因果関係をもみ消しにかかっていたほどであり、東大医学部出身の細川博士は東大医学部教授の力をよく知っていたから、一介の大学院学生の私では勝負にならないと判断したのである。こうしてもっと証拠を集めて時を待つというのは私にとっては腹ふくるるわざであったが、幸いにあまり人目にふれないとはいえ発表の場が与えられたのはありがたいことだった。その間一方で私が転科した土木工学の上下水道講座へは、これも幸運なことに栃木県の河川水質の系統図を作るという仕事が六四年に委託され、そのまとめが私の仕事となって、栃木県内をずいぶん歩き、汚染源である工場を見て歩く機会にもめぐまれた。

一九六四年は、第二回国際水質汚濁防止会議が東京で開かれた年であって、この会議の事務局を大学院学生として手伝ったことは、私の目を日本の外へ開かせる大きなきっかけになった。またこういう会議の裏で進行することも見た。熊本大学の入鹿山教授の水俣病についての論文は、日本では政治的に危険だから別のテーマについて書くよう差しもどされた。私が出来たことはせいぜい本会議の討論として水俣病とイタイイタイ病の存在を指摘するだけだったが、これは感心に記録に残っている。会議の受付をやっていたので、何人かの学者と顔なじみになることができた。これはあとで日本の外へ出た時に大きく役立った。

新潟の第二水俣病

こうしてこの小さな災害研究会が力を蓄えていたところへ降ってわいたのが三島・沼津コンビナート反対運動と新潟水俣病であった。前者には私は加わらなかったが、後者は水俣病の真相を発見しながら黙っていた責任を感じて、以後私が知ったことはすべて公表することとした。幸い、この時には私は若干の身分保障のある都市工学科の学生実験担当助手に採用されていた。新設の学科に集まる学生の意気は高く、高度成長下の国土利用計画の上からの決定に対し、人間中心の計画を対置しようという強い空気があった。それは私のような門外漢にも感じられるほどであった。公害は都市計画の重要な因子になるのではないかとの予感もあった。新潟の水俣病の展開は、心配した通り第一の水俣病の経過のくり返しに近いものになりそうだった。私たちの研究会では、私と増賀光一氏が、まず『朝日ジャーナル』の取材に協力する条件として、すでに引退していた細川博士を招くことを主張し、幸いにそれが実現して、新潟の水俣病の症状は、水俣のそれと全く同一であり、おそらく被害者が食べていた阿賀野川の魚の汚染によるものであろうと推定された。老漁民のネコのたたりという一言から、前年の新潟地震との関係は特になさそうだという見当もついた。阿賀野川の上流にある昭和電工の鹿瀬工場が汚染源として最も疑わしいが、念のため阿賀野川の周辺で水銀を使っていた日本ガス化学、北越製紙、北興化学（農薬工場）を調べて見ても、患者の発生地とは関連がなさそうだった。このような所見を新潟県の北野衛生部長に伝えると共に、研究班に熊本大で水俣病を経験した学者を加えるよう強く提案した。この案には新潟大学内で反論もあったようだが、神戸大へ転出した喜田村教授と熊本大の入鹿山教授が原因研究班に加わったことで、水俣での成功、失敗の経験を生かすことができた。

第二水俣病の展開も、第一と全く同様に、起承転結の四段階を歩みはじめた。すなわち新潟県と厚生省の研究班の原因研究がある程度進んで、阿賀野川の汚染源が上流の昭電鹿瀬工場らしいという見当がついて来ると、通産省や安全工学会あたりから猛然と反論が出て来て、中和の過程に入りかけたように見えた。こちらも文字、テレビ、ラジオ、あらゆる媒体を使って因果関係の情報をひろげる努力をした。たしかにこの時東大助手という肩書きは有効に作用したと思う。新潟では事態の進展に業を煮やした被害者が民事訴訟に踏み切り、私は補佐人として原告の弁護団に参加することになった。一方で新潟と水俣の被害者をつなぐこと、これは双方の顔を知っている私でなくてはむずかしいことであったろう。この時の私の手本は、ロシア帝政のもとで弾圧され、分断された抵抗組織、ナロードニキの再建に立ちあがったヴェーラ・フィグネルの「それでも切れた糸をつなぐことはできる」という言葉であった。実際、六〇年代後半の公害の激化に対して政党やその他の既成組織の反応はきわめて鈍く、頼むに足らないものであった。こうして六八年一月、新潟の被害者が水俣を訪れた時、予想もしなかった大勢の水俣病患者が水俣駅前の広場に集まっていた。新潟からの人々は、水俣の患者の打ちひしがれた表情に長い年月の苦労を読み、水俣の患者たちは胸を張って歩む新潟の人々に一体あの人々は患者だろうかといぶかったものである。こうして二つの患者グループをつないだことは、水俣でもチッソを相手とする裁判がはじまるきっかけになった。

新潟の裁判でも争点になったことの一つに、水銀触媒を使ってアセチレンからアセトアルデヒドを作る工場は世界中にたくさんあるのに、なぜ水俣と新潟だけに水俣病が起こったのかという議論があった。実は五九年に清浦雷作がアミン説を発表した時に、すでにこの議論はなされていて、清浦は日本の他の場所にも水銀は多い、特に多いのは北陸の某地であるが名前は伏せると言明していた。彼が調べた地点の多くは水銀を使っている工場のあるところで、北陸の某地とは直江津のことであると私がつきとめたのは二年後のことであったが、直江津は上流に大日本セルロイドの酢酸工場があるのだった。

ヨーロッパ留学と公害の政治学

では外国ではどうだろうか。私はカナダの友人に頼んで調べてもらったが、工場側の協力が得られなかったのでわからないという返事がもどって来た。この上は自分で出かけてゆく他はない。知り合いの厚生省のお役人に聞くと、ＷＨＯ（世界保健機構）の奨学金はあるが、大体それは各国のお役人向けにもう決まっている、一つだけ事務総長のところに、国別の割り当てがない口があるとのことだった。早速書類を取り寄せ、あることないこと針小棒大にドイツ語もフランス語もよく出来るなどと書いて出しておいたのが、幸運にも当たって、ヨーロッパへ一年留学できるという。もう一方では三省堂新書の企画で水俣病についての本を書かないかとの話が来た。これに東大では医学部のインターン制をめぐる紛争が全学化するきざしを見せて来た。六八年の前半は私にとっては嵐のような日々で、よく身体がつづいたものだと思う。東大の情況は日に日に激化し、とうとう都市工学の大学院生は大部分が安田講堂にとびこんでしまった。私自身も旅行をとりやめて学生と一緒に行動したかったほどだが、学生に言わせると私一人居ても居なくても大勢に影響はないという。それももっともな話なので、まず本を書き上げ、後髪引かれる思いながら留学に出かけた。

最初はストックホルムのカキの中から四ｐｐｍの水銀が見つかったというスウェーデンであるが、北欧の水銀汚染の大部分はパルプ工業でカビ止めに使った酢酸フェニル水銀に由来するものらしい。調査の方法も日本に比べるとはるかに論理的で、博物学、生態学の知見をうまく生かして調べている。日本のようにやみくもにサンプルを集めるよりは、限られた研究費の使い方として、はるかにうまく考えられた方法である。もう一つ、スウェーデンの社会に伝統的な情報公開制のもとでは、私が十数年かかって集めたほどの情報は一年余もあれば集められる。情報公開制のない隣国フィンランドに比べて、明らかに事態の進展が早かったが、それでも試行錯誤はさけられなかったし、日本からの最新のニュースを持って来た私はマスコミでも引っ張りだこになった。スウェーデン政府は日本のデータを直接調べることの必要を感じ、三人の研究者を日本に送ることにした。その矢先に起こったのがカネミ油症である。バルト海や北極の海鳥などにＰＣＢが蓄積していて、どうやらそれが毒らしいと見られるようになったのはここ二〜三年のことだったが、まさにその物質による人体実験を日本がやってくれたようなものである。スウェーデンの公衆衛生関係者は色めき立って、日本に送った調査団にカネミ油症についてもできるだけの情報を集めるように指示した。

この調査団の報告書を私も見る機会があったのだが、公害の因果関係にしても規模にしても、もう一つ食い足りないところがあった。どこに行き、誰に会って何を調べたかを詳しく書いてあるのでそれを読むと、政府代表の調査団だから当然のことだが厚生省や東大医学部の教授たち、すなわち水俣病の因果関係をもみ消そうとした連中に案内されている。水俣病、カネミ油症の双方について、この突っ込み不足のところがあちこちにあるのは、日本政府を経由した情報である以上さけられないことだとわかった。有能な科学者を集めた調査団でもこの壁はさけられないものだとわかったことは私にとっては収穫だったが、スウェーデン側にとっては穴のあいたジグソーパズルのようなもので大分苦労をしたらしい。

ちょうどこの間、八月末にプラハで開かれる予定だった国際水質汚濁研究会議に出席するためにプラハを訪れ、その前に国内を見ておこうとバスの観光旅行に参加した私は、二十一日朝ソ連とワルシャワ条約軍の侵入にぶつかり、一目散にウィーンに逃げ出した。旅行団の中でもフランス人は、歴史から言ってロシア人は絶対親切で危険はないから旅行をつづけようと主張したあたりに、ヨーロッパの歴史を見る感じがあった。会議は取りあえず一年延期になったが、私はプラハの春とその圧殺を見たことになる。国境のある国々の政治のむずかしさ、逆に言うと島国の政治の気楽さというものを痛感させられた体験であった。

社会主義と資本主義

スウェーデンの次は、東欧の中心のハンガリーが私の行き先だった。ヨーロッパは全体として戦後復興がようやく一段落したところであり、プラスチックなどの新興分野を除いてはまだ成長率は一桁台で、その中で二桁に乗ったのは国営企業を中心としたイタリーが目立つものだった。しかし流域の工場排水、下水を集めて流れるドナウ、ラインなどの大河は、日本では想像しなかったほど汚れていて、そのまま飲料水源にするようなことはほとんどなかった。平野部で上水道水源として河川水しか使えないところでは、長い時間をかけた砂濾過などでようやく飲める程度になるが、一般にはビン詰めのミネラルウォーター、あるいはビールやワインが飲まれていた。

ハンガリーの生活は、それなりに落ち着いたものだったが、日本から聞こえて来る大学闘争の経過は、まことに気が滅入るものだった。顔なじみの加藤一郎教授が総長代行になり、学生運動を分裂させ、その一方と手を組むというやり方は、戦後日本の戦闘的労働運動に対して資本側が打って来た手であり、たしかにそれをやってのける強腕の持ち主が加藤教授しか東大にはいなかったということだろうが、学生にとっては歯が立つ相手ではなかった。ブダペストの冬は暗い。「暗い日曜日」という有名なシャンソンを私は子守歌がわりに聞いて育ったが、全く歌の通りの冬であり、そこへ聞こえて来る大学のニュースはますます暗いものだった。六九年一月のある日、いつものように国立水利研究所へ出勤した私に、同僚は口々に「日本で革命が起こったぞ！」と話しかける。たしかにテレビニュースに出ているのは、学生と警官隊がぶつかり合う安田講堂である。そんなことにはならないと説明する私に、共産党はあの建物の中に居ないのかとたずねるから、警官隊のこちら側だと答えると、皆妙な顔をして黙ってしまうのだった。しかし私の方はこの成り行きですっかり参って、十二指腸潰瘍で二週間ほど入院してしまった。

ブダペストの大学病院というのも面白い体験だったが、何分にも機材がない。採血検査の際には太目の注射針を静脈に刺し、腕をギュッとつかむと、血がピュッと針から飛び出す。これを試験管でこぼさずに受けとめるという神業のような看護婦が居て、見ているだけで気が遠くなった。幸いレントゲン検査の結果命に別状なく、仕事を控えることで快方に向かった。計画経済というものはどうしても生産優先になって、サービス部門で必要なものなどはあとまわしになる傾向がある。日用品などがひどく貧弱で不便なのも、ソ連圏の国々には共通である。彼等の名誉のために言っておくと、生活必需品は一応計画の対象になっている。

また水資源の調査などはしっかりやっていて、六六年段階でポーランドの五百カ所の河川水や地下水の水質を、毎週二十項目測定していた位である。ただソ連東欧型の工場は、名目的な規制値は厳しいが実際には空気と水はタダでいくら汚してもよいといわんばかりに派手に煙や汚水を流す傾向がある。都市計画などもそれを前提に作られていて、工場地帯と居住区は数キロメートル離して専用鉄道で結ぶなど新しい工場地帯では用意がなされている。しかし公害というものは多く予想しなかったところへ出るものなのである。

ハンガリーでの仕事を終え、春になってベニスへ出たときは、大陸の気候と景色はかくも場所によってちがうものかと感心した。そのあと延期されたプラハの国際会議に出て、今度はソ連軍占領下のチェコを見た。すでにプラハの春を見ているだけに、その明暗の差に私は社会主義なるものに対して失望した。たしかに最低生活は保障されているが、おそろしく抑圧的で自発性のもてない社会で、別に資本主義に比べてそれほど優位性を主張できるものではない。日本の左翼がこうしたものを手本、あるいは目標としているのならば、それはあまり人をひきつけるものにはなるまい。

春になって私が落ち着いたのはオランダの古都デルフトにある国立衛生工学研究所で、日本でも注目をひきはじめた簡単な構造の下水処理法である酸化溝の発明者、パスフィーア博士のところで下水処理を学ぶことにした。ところが私の名刺を手にした博士は呵々大笑して、本当にお前は日本人なのかとたずねるのである。いささか気を悪くした私がわけをたずねると、老師は妙なことを言った。

「日本人は毎月のように貸切バスの団体でやって来るが、私が現場へ案内して一時間くらい説明して、さてこれから一番大切なことを話そうと思うと、皆時計を見てそわそわして次の予定がありますと帰ってしまうのだ。私が十七年かかってわかったことを一時間で終わりまで聞かずにこの仕事がわかるのか、それとも全くわからんのかと思っていたところへ、お前がここで四ヵ月勉強したいと来たので、変わった日本人もいるものだとおかしくなって笑ったのだ。お前は私のところに二日以上いたいと言った初めての日本人だ」

運動場のトラックのようにエンドレスにつないだ溝に下水を入れて、それをブラシでかきまわして空気にさらし、一日四回ブラシを止めて泥を沈殿させ、上澄みを抜き出すだけの簡単な構造と作業だが、一週間目には下水はきれいに処理され、悪臭も消えている。普通はこれで下水処理は済んだようなものだが、老師はなおもデータをとりつづけるよう要求した。一ヵ月余りすると、今度は下水中のアンモニアが消失し、かわりに少量の硝酸が生ずる。四ヵ月運転をつづけてみると、通常の下水処理に比べて、副生する泥の量がどうやら少ないようである。実はこの泥の始末が下水処理では一番むずかしいので、処理の費用の半分以上はそこに金を食われる。従って泥の生成量が少ないことは、実際に処理場を運転する時の費用や作業の負担が小さいことを意味する。

四ヵ月、たしかにこの簡単な溝は見かけによらずいろいろな働きがある。下水の汚れと悪臭をとり、窒素を除去し、泥を減らし、そういういくつかの機能を自動的に進める。数千人までの中小規模の下水処理としては、ほとんど理想的な動きである。そのよさを身につけて日本に帰ろうとする私に、老師は言った。

「この溝を土木屋に渡すと、能率を上げようとして沈殿池と組み合わせて、連続にしてしまう。それでも動くことは動くが、悪臭や窒素が取れるような特性が死んでしまうから、やらない方がよい。この溝にはオランダの下水を三日ためて処理をしているが、アメリカや日本の下水は薄いから、計算上はもっと短い時間で処理できるはずだが、それでも最低二日はかけた方がよい。理由はわからぬが、経験でそう感じている」

停年近い老師が、経験でしか説明できないというのも一寸妙な気がした。この実験のあと、私はイタリーにある酢酸の工場を調べ、その一つであるラベンナのＡＮＩＣの工場からの排出口の周辺で、若干の魚のサンプルを取ってこれを焼き魚にして日本に送り、水銀が多いことをたしかめ、これをナポリの学会で発表した。これはイタリーにおける水銀汚染の最初の発表となる。おかしかったのは、次の年、イタリーの化学の大先生が、同じところで同じ種類の魚をとって分析し、私の報告よりも低いから汚染はないとしたが、その数字をよく見るとやはり自然の水準よりは高く、かえって水銀汚染を裏づけているものだった。イタリーの化学工業の力は強く、そのひきおこした公害に、化学の大先生が企業側に立って権威として動く、いわば公害の起承転結は、日本と同様であることがわかった。酢酸工場の周辺には水銀汚染があり、水俣病が出るか否かは、魚の摂食量の問題であった。イタリーの場合には、他の汚染が重なっていて、魚がもうほとんど居なかったのである。

ふたたび水俣病へ

一年あまりのヨーロッパ留学から帰って来たのは、東大文学部が最後にいわゆる正常化した六九年十月末であった。都市工学科の院生たちの大部分は四散して、教授会にわびを入れてもどって来たのは、三流四流の学生ばかりであり、教授会は私が出かける前よりも反動化していた。あれほどの大きなさわぎになっても、機動隊を呼んで学生を追い出せばよかったのだから、彼等が自信をもつのも無理はなかった。

水俣病の経過もまた容易ならぬところにさしかかっていた。六八年九月、ようやく厚生大臣は水俣病が工場排水中の水銀によって起こった公害であることを認めたが、その後チッソ水俣工場との交渉をめぐって、厚生省の任命する専門家による調停を受け入れようとする多数派の一任派と、少数派の訴訟派に患者は分裂させられる。水俣の訴訟は開始されたばかりでその方向すら決まらない。新潟の訴訟は昭和電工側の豊富な物証と証人による被害側立証の段階に入って、大学教授や社員などの証言を次々に出してきた。その評価と反対尋問がまた一仕事である。

帰国早々、私は都留重人教授を中心とする公害研究会に呼び出されて、七〇年三月に東京で開かれる社会科学者の会議に、報告を用意するように命じられた。これは保健社会学の飯島伸子さんと、園田助教授の三人で何とか間に合わせたが、その時の飯島さんの一言、「私が年表を用意します」が、のちに大部の公害・職業病・労災年表を作るきっかけになる。

なぜこんなに忙しくなったのか、その理由はあとで聞いた。都市工学科の主任、高山英華教授は、都留先生の旧友で、ある会合の時にヨーロッパ留学から帰って来た私が都市工学科内で騒ぎを引きおこせないよう、外へ引っ張り出して忙しくしてくれと頼んだらしい。私はそんな裏の動きがあることは知らないから、言われた通りに必死で論文を用意した。飯島さんはのちに大部の年表になる原型の年表を用意した。この枠組みは、現代技術史研究会の公害分科会で議論した、汚染は工場内では労災・職業病として現れ、外では公害になるという図式をもとにしたものであった。私はうっかりして論文の長さの制限を聞き忘れてしまったので、数十ページの大論文ができ上がったが、どうやら会議には間に合った。

プラスチック加工技術の学会の司会は昔学生服でやったことがあるが、今度は社会科学で、しかも英語と来たものだ。飯島さんは自分ではあまり口をきかずに「宇井さんは度胸で英語を喋ってる」と評したが、全く冷汗三斗だった。資本主義と社会主義のどちらが公害を止められるかという米ソ論争も面白かったが、厚く積み上げられた私の論文の番になって、厚生省の橋本公害課長が「ここにこんなけしからん論文があって、日本政府のせいで公害がひどくなったと書いてあるが、決してそんなことはない」と即席で二十分位政府がいかに努力しているかを演説したのにも感心した。これは私の度胸の英語では歯が立たない。資本主義と社会主義のどちらが公害を出さないかという議論をアメリカとソ連の学者が口角泡を飛ばして議論をして、終わると仲良く一杯やっているなどというのも、ずいぶん勉強になったものである。会議のあとの旅行で、東京から富士田子ノ浦を通って大阪までというバスの旅も、議論の場としてありがたいものだった。何より私を力づけてくれたのは、ワシリー・レオンチェフのロシア語なまりの英語であって、言葉は通ずるものであればよいと教えてくれた。

東京国際公害シンポジウムが終わるとすぐに巻き込まれたのが、厚生省による水俣病の補償処理あっせんである。『公害の政治学』に書いた通り、公害をよく知らない権威者三人を厚生省が選んで補償のあっせんをはじめたのは、私がヨーロッパに出ていた間であった。帰って来てからその一人、東大医学部の笠松教授には、水俣病の説明をしたことがあるが、チッソは大量の水銀を流していたことを熊本大学に知らせなかったこと、過失の有無を問わない労働災害の補償水準を、被害者側に過失の存在しない公害に適用するのは無理であることなど、ごく基本的なところでの理論がないことにおどろかされた。従って五月末に予定されたあっせん案が患者に不利なものになることは事前に明白だったが、それに対する有効な抵抗の手段もない。水俣、熊本の市民たちも思いは同じである。ありふれた手法ではあるが、調印の会場を占拠して抗議の意思表示をする位しかなかろう。座り込めば当然つかまって三泊四日、あるいは二十三日ばかり警察のお世話になるだろうが、立場上不利にならないのは自営業、フリーのジャーナリスト、映画グループ、そしておそらく大学助手も大丈夫だろう。一人でも人数は多い方がよいから、私も座り込み要員ということになった。石牟礼道子さんはどうしても加わるというが、ほとんど目が見えなければ足手まといである。それよりも水俣病患者の写真のプラカードをかかえて厚生省の玄関に座っている方が、よほど目立って役に立つ。

前の日、朝日新聞の長谷川記者と下見をして、柵の破れから入れることがわかっていたから、当日二十数名の座り込み隊はさしたる困難もなくあっせん案の調印会場を占拠したが、これはたった三十分で排除され、大した効果があったとも思えなかった。しかしマスコミには大きく取り上げられ、低額のあっせん案に対する患者の不満も明らかになった。世論を喚起するという点では私たちの座り込みは半ば成功したといえよう。排除されたあとの留置場暮らしというのも、非日常的で面白い体験ではあった。この世界、意外に外の情報は伝わるものらしく、牢名主の傷害のヤクザの兄ちゃんは、政治犯は特別だと親切にしてくれた上に、お別れの晩には浪花節を一曲歌ってくれた。この世界では、刑の重い殺人、強盗、傷害が上で、詐欺、横領、スリなどは小さくなっている。ヤクザなどの場合には背後に組織があるから、差し入れの弁当などは豪勢である。もっとも食事は一頃言われたようにのどを通らないというほどひどいものではなく、まずまず食える。警察と検事の取り調べには、始めにモクヒケンと唱えてあとは黙っていればよい。どうせ微罪だし、名前が売れはじめた大学助手とか映画監督など泊めておいてもさわぎが大きくなるばかりだから、三泊四日で帰って来られて、まことに得難い体験となった。三人の権威あるあっせん委員会の面目は丸つぶれである。患者側の拒否にあって上乗せをせざるを得なかったし、のちに結局訴訟の判決にあわせて更に上積みをすることになる。

もう一つ、とんでもない目にあったのは、勁草書房『日本の技術者』の出版であった。これはたしかに現代技術史研究会が、六〇年代の研究活動を世に問うような形で出した本であり、高度成長を表に出ない形で支えている主役である技術者について書いたという企画は大いに当たったのだが、企業や組織の事情があって本名を出せない人が多く、結局私一人が実名で出てしまった。この本が用意されたのは私の欧州留学中だったから、本人の了承も何もあったものではない。有名になるというのはありがたいことなのだろうが、今ふり返ってみると、この一九七〇年というのが、私にとってはそれまでこちらが問題を追いかけていたのが、この年を境にして問題が向こうからやって来て、それに追われるような生活になったように思う。その大きな転機になったのはやはり自主講座公害原論であった。

自主講座公害原論のはじまり

東大にもどって来てから教室の中に、やはりもう少し学生の興味をひくような、たとえば公害の講義などが要るだろうという議論があったことは事実である。一体そんな講義を誰がやるのだろうと見ていたら私にやれと言う。しかも政治的なことは抜きにして科学技術の面に限定せよというのである。そんなことをしたら問題の七〜八割は消えてしまって、およそ無意味なものになると説明したが聞かれない。はては助手は教授、助教授に命令されたことを実行すればよいとの話になった。この段階ですでに教室の助教授、講師はすべて私の後輩になっていたから、あんた方の言うことを聞く気にはなれない、もし私が講義をするなら必ずそれは総合的なものになるはずだと答えると、助手には講義をする権限がないという話になった。こうなると売り言葉に買い言葉で、夜空いている教室を貸せ、貸さないとなり、それでは実力で解放してでもやろうかという段になって、旧知の加藤総長から騒ぎを起こさなければ工学部教授会と都市工学科の教室を何とか説得しようと話が来た。これで最大の困難だった場所の問題が解決した。

内容については四月から和光大学で講義をしてみて、大体これで行けそうだという自信がつき、数名の同志を語らって準備に当たり、十月十二日第一回の自主講座公害原論を開講した。日本の芸能の伝統に従って、入口で百円の聴講料を取るが、もし話がつまらなかったり、理解できなかった場合には返しますという約束で出発した。これは講義を用意する私にとってはずいぶん重い圧力となって、毎回必死でわかりやすい話を正確に伝えることに集中した。第一回の講義のはじまりに、準備のための協力を呼びかけて、数十人の実行委員会が作られ、講義の記録、印刷、資料の準備作成といった多様な作業を次々にこなしていく一方で、全国からの問い合わせ、資料の請求、応援依頼にも応ずる多面的な活動がはじまった。講義録は三冊の『公害原論』として出版されたが、今読み返してみても、私はこれほど筋の通った講義をしていない。講義を聞き、テープを起こした人々が、自分の頭の中で整理して完成度の高い文章を作ってしまったのである。その証拠に、私が二時間近く話して、テープを起こして出来上がって来る原稿の校正は、二時間足らずですんでしまう。これはプロの編集者でも滅多にないことで、話し言葉の校正と整理は、必ず話した時間の何倍かかかるものなのである。

こうして力をつけた市民集団が、国際的課題に取り組み、日本政府と互角の勝負をしたのが、一九七二年のストックホルム国連環境会議であった。

ストックホルムの国連環境会議

スウェーデンの有力大衆新聞、エキスプレッセンの日本特派員グンナーソン氏は、日本の公害を取材するためによくやって来て、奥さんが通訳をして、かなり手厳しい記事をこれまでも書いて来た。公害をはじめとする日本の社会問題を集めて、『日本のハラキリ』という痛快な本も書いた。チッソへ乗り込んだ時は奥さんが両手に子供の手を引いて一緒に取材したという。その彼がやって来て、一九七二年には大きな国連会議がストックホルムで開かれ、環境や公害を取り上げるが、お前は何もしないのかと言う。お上のやることには俺はあまり関心がない、目の前の水俣病の患者のことで手が一杯だと答えると、日本のナショナルレポートに公害や水俣病のことが何と書いてあるか見たことはないのか、これを読めとつきつけられたナショナルレポートには、「水銀やカドミウムなどの重金属によって人間の健康に影響が出たところも一部にはある」。この二行が日本の公害の全部だぜ、お前怒らないのかというのがグンナーソンの挑発だった。

頭に来たのは私だけではない。自主講座に集まって来た人々も皆この経過を聞いて怒った。日本政府の誠意のない姿勢を変えさせるのにはどのような方法があるだろうか。二つの提案が実行委員会に出された。一つは日本の現状について自分たちで英文のレポートを作ること、もう一つは典型的な公害、たとえば水俣病やカネミ油症のような事例の被害者の代表をストックホルムへ送って公害のおそろしさを訴えることであった。

一九七〇年の十月にはじめた自主講座公害原論は、大体隔週のペースで十三回まで私が調べて来たことを報告した。この議事録が『公害原論』三巻である。これは私の報告であるから、別の側面、特に被害者やそれに近い地域住民、あるいは他の公害の研究者から見るならばどうなるかという構成で、ほぼ毎週の第二学期が準備された。これにはいろいろな人が講師として協力してくれたが、どうしても来なかったのは公害を出している企業の責任者だった。そういう点では一面的な内容だと批判されても仕方がない。しかし袋叩きに遭うとわかっているところへ出かけてゆく度胸のある経営者も日本には居ないのだとわかった。第二学期の講義録は勁草書房から出版され、一九七二年に毎日出版文化賞をいただいた。こういうかなり詰めたスケジュールのあと、第三学期は講座は月一回として、浮いたエネルギーを英文レポート作成に向けたのであった。

しかしこれは思ったよりむずかしい仕事だった。主要な問題を二十ほどえらび、たとえば水俣病やイタイイタイ病、ゴミの処分などそれぞれに四百字で五枚程度にまとめる仕事を分担したのだが、いつになっても出来て来ない。これ位のレポートならいつも学校で書きとばしているではないかと叱ると、日本を代表する五枚の記述にはとても手がつかないという。それを叱咤激励して、どうやら文章になったものを今度は英文にするのがまた大変な量の仕事である。ここに力強い援助が現れたのが、米人の宣教師アントニー・カーター氏である。彼は実行委員が分担して作ったレポートを片端からきれいな英文にしてくれた。それに適切な写真を組み合せて編集していくのがプロの編集者であった松岡信夫さんで、印刷を引き受けたのが安川栄さんと、みるみる英文の報告書、Polluted Japanが出来上がって行った。この動きは日本政府に対して強い圧力になり、政府はあわてて三冊の公害に関する報告書を作って、会議直前に発表した。今度は水俣病をたった一行というわけにはいかなくなったのである。こうして我々自主講座実行委員会は、やりようによっては政府の政策も変えられるということを学んだ。ここでは批判が政策変更を生んだのである。

もう一つの動きが同時に進行していた。それは水俣病とカネミ油症の患者代表をストックホルムに送ろう、そのための金を集めようという動きである。ここでは創価学会の婦人部の活動家、金玉靖子さんが中心になって、街頭募金をやったのに皆尻をたたかれた。それでもまとまった金は最初に入用だから、それは銀行からまとめて借りることにした。この最初から借金を背負うというのは、仲々はげみになるのでうまい方法だとあとから感じたものである。水俣病やカネミ油症の患者は病人だから、それなりの付き添い人を用意しなければならぬ。志布志湾の埋立反対運動の藤後惣兵衛先生、イタイイタイ病の萩野先生を加え、いわば日本の民間代表団は二十人近い大世帯になった。私は一足早く、国連会議の前に開かれた大同会議、これはアメリカのバリー・コモナーの教え子たちが中心になって組織した民間会議だったが、そこへ招かれて出発した。

大きな国連会議の前に、民間団体の会議を開き、そこで国連会議で何を議論すべきか、その方向性を示すというやり方は、この七二年のストックホルム国連環境会議でかなり成功したこともあって、それからの国連の特別総会ではほとんど必ず準備されるようになったが、我々島国の日本人は必ずしもそれに慣れているとは言えず、私自身も言うべきことを言うべき時に十分に言って来たかとなると、かなり心許ないというのが正直なところであった。しかし日本からこの種の会議に招かれる人間というのは本当にまれで、いつも私一人が心細い思いをするものだった。特にこの大同会議は私も慣れていなかったので、どれだけ寄与できたかはあまり自信はない。

しかしストックホルムに先乗りしているというのは強いもので、水俣病患者たちの代表団が着くころには、記者会見などの準備はかなり進んでいた。民間代表団の中には、政府と関連して動くつもりのところもあって、アメリカなどは代表団長に往年の名子役シャーリー・テンプルを配していたが、マスコミは水俣病の胎児性患者坂本しのぶの方に集中した。この会議の期間中を通じて多くの人に言われたことは、日本のめざましい高度成長の陰にこれほど悲惨な公害があったなど、初めて知らされたということだった。戦後復興が日本よりややおくれているヨーロッパにとっても、これから工業化をめざしている多くの第三世界の国々にとっても、日本の公害のニュースは強い警告になるものだった。水俣病の患者、浜元二徳氏が、自分の身体をさらして、二度とこういうことをやってはいけないと語るのは説得力があった。

この国連会議の二週間、民間会議の中でいろいろと動きまわっていたが、今ふり返って見るとなすべきことの六割も果せたであろうか。あらゆる機会をとらえて発言するという習慣と気力が私には足りないのであった。水俣病の患者のように、存在そのものが雄弁な発言である場合はそれでよい。我々口舌の徒は、発言し、表現しなければ無に等しいのである。加えて二十人も長旅をつづけていれば、必ず差異を言い立てて主導権を握ろうとする者が出て来る。左翼くずれのインテリやくざの出番である。カネミ油症の患者は、日本では組織がおぜん立てをしてくれた上に乗って動いていたのが、こちらへ来ると何事も自分でやらなければならぬので文句を言い出した。これに乗ったインテリやくざに多少足を引っ張られたことはあったが、まずまず代表団の活動全体としては所期の効果をあげたと見てよかろう。

何といっても成果は日本政府に公害の存在を認めさせたことであり、また世界に警告を与えたことであった。この大仕事を市民、学生の数百人の集団にすぎない自主講座がやってのけたことは、いささか自慢してもよいことであろう。どこの政党も組織も財界団体も含めてこの会議で日本の状況を発表するということは考えつかなかったようである。日本へのニュースも多かったが、世界に日本の公害の存在を知らせることで日本政府と財界に一矢むくいた結果になった。たしかに自主講座はその全力をあげてストックホルムに取り組んだが、幸いにして空中分解もせずにこの大仕事を切り抜けたのであった。

高知パルプ生コン事件

自主講座公害原論が、公害に関する情報の駆け込み寺のような機能を果すようになったのは自然の成り行きかもしれない。また毎月あるいは毎週に開かれる講座が一種の定期集会のような働きをして、そこへ来れば人々に逢えるという効果もあった。ここで落ち合ってから水俣病の患者の座り込みのような、身体を張った活動が求められている場所へ出て行くという人々も居た。毎回の講座の内容は記録され、二〜三週のうちに講義録として出版された。更に公害問題の資料誌として月刊誌『自主講座』が出版された。日本で週刊誌と月刊誌の両方を出している出版社が何社あるだろうという冗談が出たことがあるが、たしかにこの活動の背後には、莫大なエネルギーがあり、それが見えないところで組織されていたのが、聴衆から自発的に出て来た実行委員会なのであった。その大部分は学生であり、中央、明治、日大、和光といった大衆大学で、セクトの過激な運動にはついていけないが、公害を止めるためには何かをしたいという人々であった。一九七〇年代前半に進行していたべ平連の運動とは、相互に人間の往来があった。

七〇年代前半の自主講座の活動の一例として典型的なものの一つは、高知パルプ生コン事件の裁判支援である。パルプ工場の排水口に生コンをミキサー車一杯つめて工場を止めた痛快な事件だが、その歴史は古く、一九四八年にパルプ工場が計画された時からはじまっている。高知の街の上流部に典型的な水を汚す工場であるサルファイトパルプ工場を計画するに当って、地域住民が三分の二を占める公害対策委員会を作って、それが工場の操業停止、閉鎖まで決められる強力な公害防止協定を作り、県知事、市長以下あらゆるエライ人たちがこの協定を保証しながら、二十三年間全く役に立たず、地域住民の直接行動によってようやく公害が止まった、直接行動の有効性を如実に示した事件だが、資料がよくそろっていて、資本、政治、行政、住民などそれぞれの行動主体の動きが見事にたどれるという点でもきわめて面白い事件であり、刑事訴訟の法廷を場として、私が特別弁護人として活動する機会を作ってくれた。しかしここでも私の活動は多くの実行委員たちの努力に支えられ、いわばその波頭で踊っていたといってよい。

七一年六月に起こったこの事件を、威力業務妨害の刑事訴訟に仕立てるために、高知地方検察局は大分苦労したらしい。調べれば調べるほどこの事件では企業が横暴を極め、行政は怠慢であるばかりか浦戸湾の水質悪化を機会に埋立地をひろげて企業を誘致しようとし、政党は口先だけでサービスして実際には何もしない、直接行動を起こした人々は長年自然保護運動をやって来て、条理をつくして企業や行政と交渉したのにいつも裏切られ、ついに最後の手段として生コンを排水口につめたが、その時にもあふれ出る汚水の被害を最小にするために交番の前のマンホールをえらんで、予行演習までやったという人々であり、生コンをつめたあと堂々と記者会見までやった確信犯である。どう見ても会社が悪いし、といって起訴しなければ全国に類似の事件がひろがるであろう。こうしてこの事件は高知と東京の間を何回か往復し、結局起訴することになったといういきさつを後に聞いた。検察官としては、なるべく小さな事件として処理したかっただろうが、被告側には最大限防御という権利がある。典型的な公害事件として宮本憲一、飯島伸子、田尻宗昭といった公害の研究者、それに長い時間の経過にからんだいきさつを知っている関係者、はては埋立を認可した知事に到るまで、四年半あまりゆっくりと裁判を楽しませてもらった。

この事件は、八分通り設備が出来上がったところで金がつづかなくて倒産した高知パルプを、愛媛県川之江にある大王製紙（名前からして当時日本最大のパルプ工業であった王子製紙より大きくなるという意気込みがあった）が買いとって、当時三白といわれたもうかる産業の筆頭であったパルプ工業から利益をしぼり上げ、それを愛媛県側に投資して、大王製紙はもくろみ通り一流の大企業になった。この際公害などは全く意に介さず、江ノ口川から浦戸湾を汚しつづけ、漁民が居なくなると県が漁業権を買い取って埋め立て、そこへ工場誘致を試みるというおきまりの図式が五〇年代、六〇年代に進行し、かつて世界で二番目に魚種が豊富だといわれた浦戸湾の汚染と埋め立てが進行した。特に七〇年の十号台風で高知市の大半が危惧された通り水没したが、それは主にパルプ工場の排出した汚泥による被害であった。これに怒った市民大会の圧力で浦戸湾埋め立ての最後の区分は中止になった。パルプ排水が流される江ノ口川の浄化を訴えて死に到るハンガーストライキを行なった市民も居たが、高知県の自然保護運動のリーダーたちはパルプ工場と粘り強く交渉をつづけた。しかし工場側は言を左右にして引きのばし、何等処理をしなくても排水基準が満たせるように中央の審議会で数値が決まるという内部情報を得て一切の交渉を断って来た。その結果が生コン事件であり、主謀者は高知最大の工作機械メーカーの社長と、元中学校の教頭先生であった。

高知県には海型と山型という言葉がある。奇想天外、誰も考えたことがないようなことを考える前者の典型は坂本竜馬であろう。すみずみまで気を配って材料をそろえておく山型がこの教頭先生であった。従って裁判の進行に当っても、見事に資料がそろっていた。私は特別弁護人として、こういう資料を使って仕事をしたが、その整理、裏付け調査は自主講座の実行委員の仕事であった。更には大王製紙に就職して、何年か先方の情報を集めた猛者も居た。あちこちで開かれる私の講演に際して、裁判官あての無罪判決を求める署名を集めていたが、私の活動が全国に及んでいるので、署名する人々の住所も全国にひろがり、裁判官仲間で話題になったという。

刑事の法廷は初めての経験であったが、ここでも素人の強味で、弁護士では聞きにくいような意地の悪い質問をしたりして、いろいろと勉強になったものである。私自身が起訴されたとしても、内容によっては自分で防衛できるかもしれないと考えるようになった。特に地方では、刑事訴訟のパターンが比較的少なく、決まっていることがあるので、弁護士が対応しきれない場合もありそうである。

法廷のかけ引きで、裁判官も東京での出張尋問となると、結構楽しいチャンスになるらしい。パルプ排水の毒性と、それが腐ったときに出て来る硫化水素のおそろしさを、東大の都市工学の実験室で、金魚とネズミを使って証明するという筋書きを証人としての中西準子助手に作ってもらい、自主講座の実行委員が手足になって実現した。東大都市工学の実験室が出張法廷の場になり、公害被害者の役に立ったというのは空前のことであり、今後も例がないかもしれない。

こうして四年近く被告と私は刑事の法廷を十分楽しませてもらって、罰金五万円という判決が出た。控訴すべきか一応議論はしたが、今度は高松高裁まで出向かなければならぬとなると、時間も大分取られるし、言うだけは言ったからこれでよかろうとなった。実はちょうどこれとほぼ同じ時期に、水俣病の川本裁判が進行していて、こちらは弁護士ががんばって高裁で公訴棄却という前代未聞の判決を引き出した。後になって、こちらもやってみたらどうだったろう、公訴棄却の可能性もあったろうと話になったが、それは後の祭というものだったろう。ともかくこれで刑事の法廷というものも学んだことは事実である。

日本からの国際的発信

自主講座公害原論の一つの特徴は、ストックホルムの国連会議にも見られたように、国際的な動きを重視したことにある。その後も一九七六年の国際環境科学会議、七九年のアジア環境協会セミナー、八四年のインドのボパールにおけるガス爆発に調査団を送るなど、日本の環境団体では国際志向が最も強く、自前で英文のニュースレターを二十四号まで発行した。もちろん国内の各地の公害反対運動を支援し、そのネットワークの糸をつなぐ仕事をしながらの合間の仕事であり、英語の下手な学生の多い自主講座実行委員会にとっては大変な負担であったが何とかやりとげた。ほとんど完全なボランティア集団である実行委員会にはいささか重すぎた仕事であり、もっとしっかりした組織的基盤がなければ長つづきしない性格のものであろう。しかし今までの日本には、外から情報を取り込み、それを模倣し、加工することはあっても、こちらからの発信というものはほとんどなかったのであり、外からの情報に追われて、夏目漱石が指摘したように内発的発展の余裕など全くなかったというのが日本の近代化、工業化の内実であった。

ところが公害では世界の最先進国になってしまった日本には、外から導入する対策はなく、自分で答えを出すしかなかったし、その答えは私の見るところでは、日本の外でも通用するものだった。従って、日本の現状とそれに対する運動の取り組みはほとんど世界に例のないもので、その紹介は全面的に私の肩にかかっていた。七〇年代後半から八〇年代前半、この荷物は私にも全く重すぎるものであって、何等かの組織的方策を考えなければならなかったが、具体的には何も進まなかった。そこへ出て来たのが沖縄行きの話である。

沖縄の島が溶けて流れる

一九七一年、自主講座のごく初期に、米軍占領下での信じがたい公害の実例報告があり、私は数週間復帰前の沖縄を歩いたことがあった。ちょうど日本の市場開放を求める石油資本が、沖縄の復帰の機会に工場を建ててもぐり込もうとして、三〜四社の石油精製企業が、工場を駆け込みで建設しようとしていた。また基地経済から脱却するために、東海岸の金武湾を半分位埋め立てて、そこへ石油基地、石油精製、石油化学、製鉄一貫、造船、原子力発電、アルミ精錬と、本土では公害のために立地がむずかしくなった巨大コンビナートを作る計画があることも知った。それに対し、自主講座の講義録が誰かによって持ち込まれて、反対運動のテキストになっていた。

沖縄の人々の間には、本土復帰によって平和憲法が適用され、米軍基地が減るとともに、公害対策についても、本土なみの規制が適用されて、公害がなくなるものという期待が強かった。一方で、全く規制がない公害たれ流しの現状に対しては、座り込みなどの実力行使を主として、相当の抑止効果をもつ運動がひろがっていて、地方行政などもそれを支援する動きもあった。一般には沖縄の方がよく公害を勉強し、かつ実力ででも止めるという点で、日本より進んでいたといってよかった。これが七二年の復帰後は本土から持ち込まれた制度化によって、かえって運動の力がそがれた。これは日本の左翼政党の持ち込んだ、政治は俺たちにまかせて見ていればよいという請負主義も含めていえることである。県庁の中に担当の部局が作られ、やる気のないお役人がそこに座る。そして革新政党がかついだ知事の政策には批判をさせないという形で妙な手詰まり状態になる。その間にも公私の開発による自然破壊はどんどん進む。対策が制度化された方が公害が進行するという妙な手詰まりが、「島が溶けて流れる」という玉野井芳郎先生の表現になったのであろう。

ともかく私は東大の自主講座を閉じ、実行委員会を解散して八六年四月に沖縄へ乗り込んだ。それはちょうど新石垣空港の白保海上案の環境アセスメントなるものが行われ、国立大学である琉球大学の教授たちを集めた委員会がそれを承認するところへ出くわしてしまった。公表されたアセスメントの内容を見ると、どこでも変わりのない、環境には悪影響がないとするアワセメントの一つであるが、あちこちにあまりにひどい見落とし、あるいは都合のよい結論を出すためのつじつま合せが目立つので、それを指摘したところ全体の進行が止まってしまった。実はこのような大きな工事を進めるためには、各段で補助金を出す中央官庁との打ち合せが必要なのだが、あまり変な文句がつくと中央官庁の方もそのまま通すわけにはいかず、多少は手直しを求めるということがある。こうして差し当たりは新石垣空港の建設は一時手止まりになった。一息ついて見まわしてみると、なるほど島は溶けかかっている。

赤土と黒い水

実感として一番わかりやすいのは、雨のたびに流れる赤土である。これは亜熱帯の森林を伐採すると、薄い土の層が強い太陽光線を浴びて、わずかな有機物は分解し、強酸性の赤色粘土になる。これが海中に入ると強酸性になり、アルミニウムイオンが溶出する。これまで赤土が流れてそれをかぶったサンゴ礁が死滅するのは、物理的な窒息によるものだろうと考えられていたが、それにしては一度かぶっただけで被害が大きすぎると思われていた。これは赤土が持続的な化学毒であると考えると説明がつくことである。この赤土の被害に加えて、オニヒトデやカイメン等のサンゴ礁を捕食する生物の異常発生が加わり、復帰前に島をとりまいていたサンゴ礁の九十~九十五%は死んでしまったと、サンゴ礁を追いつづけて来た写真家の故吉嶺金二氏は私に語ってくれた。

九〇年代に入って、漁民の署名運動に尻をたたかれたりして、県の赤土防止条例が作られ、私もその基準を決める委員会につき合わされたのだが、残念ながら実効性があるような構造にはできていない。ともかく構造的に工事が多すぎるのである。在日米軍基地の七十％は沖縄にある。島の面積が日本の〇・六％しかないことを考えると、いわば日本平均の百倍以上の米軍基地を背負わされていることになる。その基地が何か事件を起こして沖縄が悲鳴をあげると、中央政府は金をやるから黙っていろと公共事業をくれる。その工事が、亜熱帯の現実におかまいなしの、中央の机上で計画した乱暴なものだから、そこから土が流れるのは必然だし、雨の時に空から島を眺めると、島が血を噴いているように見える。条例が作られても、この事態はあまり改善されない。

畜産排水の取組み

沖縄のもう一つの水問題である黒い水の方は、畜産排水、主に養豚場からの豚の屎尿の無処理放流であることは、現場を歩けばすぐわかることで、しかもこの河川の汚染は沿岸部にひろがり、富栄養化を引き起こす。オニヒトデやカイメンの異常増殖はその現れであるらしい証拠が増えて来た。

豚は年間平均気温が二十二℃のところが最適なのだそうで、沖縄はまさにこの条件があてはまる。また昔から便所に豚が飼われ、糞尿の処理をしていた中国型の伝統もあり、養豚業は盛んだが、経営規模は一般に小さく、数百頭以下のところが多い。しかし一頭の豚はほぼ十人分の汚染負荷を出すといわれるほどである。沖縄全体でほぼ三十万頭の豚を飼っているから、人口に換算すれば三百万人と、人間の三倍近い負荷になる。従って下水よりも大きな汚染負荷になり、どう考えてもこちらから手をつける方が、巨額の公共投資である下水道よりも費用対効果比が有利なはずである。

沖縄大学に作られた中学校並の理科実験室と、県の畜産試験場との協同研究という形で、試験場の中に研究員がブロックを積んで実物大の処理槽を作り、運転をはじめた。これは思ったより順調に動いて、運転をはじめてから三ヵ月位で、所期の成績を上げるようになった。しかし通常の下水の百倍近い濃度の豚の屎尿をそのまま処理するなど、試験場の研究員も予想もしなかったことらしく、それがちゃんと悪臭も有機物も窒素も除去できるとは、彼等にとっておどろきであった。もちろん私にとっては長年の経験から大体予想できたことであった。

この成功を見た大里村の保健環境課長は、私の夜の講義を聴講すると共に、村内でどの農家が最もまともにこの問題に取り組むであろうか、また河川との位置で、できるだけ上流の農家が処理すれば、川の流れがきれいになったことが目に見えやすいと相談した。こうして探してくれた養豚農家は、篤農家という言葉がぴったりし、息子もあとを継いで一緒に仕事をしている家だった。たまたま百五十万円程の研究助成があったので、それを材料費として、一家総出でコンクリートの池を作り、そこへ汚水を流しこんで空気を送り込むだけの簡単な構造を作りあげた。運転して最初に気づいた利点は悪臭がないことで、液肥としてよその家の軒下までまけるという。レタスの成長がよくなり、甘くなって、これまで六十五日かかったレタスの出荷が五十五日でできるので、年内にもう一度出荷できるなど、いろいろ目に見えてよい効果があり、しかもその分化学肥料は減ったというから、農家としては申し分ない。手間だけで出来たのは大もうけでありがたいと感謝された。

実際に動かしてみなければわからないこともある。一日一トンの汚水が入って来て、五十~百日たまって処理されるという設計のところへ、三十トン汚水が一日に入って来ることもある。こんなことは予想していないと農家に文句を言うと、豚を出荷してそのあとを掃除するとこれ位まとまって出るのは当たり前だという。普通連続法で設計されている処理槽へ、設計値の何十倍という負荷が入って来たら、微生物のシステムがこわれてしまって、直るまでに何ヵ月もかかるものだが、私の動かしている毎回止めて上澄みを出す方法では、大した困難ではない。出口の水質にはほとんど変化がなくこのような大きな変動をこなしていける。

この微生物システムは本来がやわらかいものであるから、本当は構造物の材料もやわらかい土と木で作りたいものであり、対象の伸縮に応じて拡張したり縮小したりすることも、今の土木技術なら別に専門家の関与を必要としないで下水道や屎尿などの処理ができそうだという自信もついた。特に地下水汚染が心配される宮古島で中規模の養豚場に採用されて、地下水保護に役立っている。今年で海洋投棄が出来なくなる人間の屎尿の処理にも使えるだろう。この技術はオランダで発明され日本に導入する時に、金もうけのために歪められた歴史を持っているので、現在は最低必要な建設費の十~数十倍の値段で取引されて、補助金がついて下水処理では普及している。この技術を本来の姿に引きもどし、市民の工学として実現する可能性に、ほぼ見通しはついた。

実は私の古くからの友人、北大学長から土木工学会長になった丹保憲仁氏は、土木学会でこれからの少子化、人口減少が進行する日本社会において、公共事業、その主役である土木工学はいかにあるべきかという課題を提起し、学会をあげて取り組んだが、具体的に絵を書く仕事はまだはじまったばかりである。しかしその大きな部分に、小規模でやわらかい技術が分散する方向が求められることはたしかであり、私の研究は具体的にその方向に進んだものの一つになろう。まだ土木工学会全体としては、このレポートを理解する者すらまれで、これまでの大艦巨砲主義、大きいことはいいことだの方向が主流である。

東九州の所見

「島が溶けて流れる」という現実に対して、私の活動がどれだけ役に立ったか、私は心許ないというのが正直な反省である。沖縄の人々が本当に危機感をもって立ち上がらなければ、沖縄の環境は守られない。その成否は若い人々の手にある。幸いに沖縄大学の学長になった櫻井国俊君は安田講堂を経験した東大都市工学出身の環境科学者であるし、私が行く前よりは多少は事態は好転したのかもしれない。

大学を停年になって東京へ帰る時、飛行機なら二時間あまりだが、幸いに家内が軽自動車をころがして遊びながら行こうということだったので、鹿児島から東京まで、半分は温泉につかりながらの観光で、あとの半分はこれまで公害反対運動や開発反対運動でつき合った所を歴訪してみることにした。九州西海岸は水俣や熊本などこれからも来る機会があろうから、東海岸の方がよかろうということで、志布志、土呂久、臼杵、中津など運動でつき合ったところの旧友をたずねることにした。長いところは三十年以上のつき合いであり、中には代が替わったところも多い。しかしこの曽遊の地を訪れて共通に思ったことは、運動のエネルギーは今でも残っているというか、自分たちの運動で自然を守りきったという誇りが生きていることで、それは例外なく地域の原動力になっている。これに反して、中央の政策だとか、外来資本だとかを入れて、それにすがって生きようとしたところは、これも例外なく不況に打ちひしがれて、立ち上がる気力もない。

臼杵、津和野、吹屋（岡山県成羽町の鉱山とベンガラ生産）のように、街並み保存運動に早くから踏み切ったところも、観光でそこそこ飯は食べていけるようである。観光というのはかなり不安定な産業で、それで食べていくのには相当な苦労も要ることだろうが、まず今のところは大方は客が増えているところが多い。由布院や黒川温泉のように、流行りすぎて特色の維持がむずかしくなって来たところもあり、外から来る客をうまくコントロールするというのは本当にむずかしい仕事であるが、最近は豊後高田の昭和の街並みのように、対象が増えていることも事実である。ともかくこの四週間の旅行は、旧友に逢って久闊をたしかめるばかりでなく、この四十年やって来たことが決してまちがいでも、無駄でもなかったのだと考えさせられるよい機会になった。やはり旅には必ず学ぶことがある。

浦島太郎の心境

わずか十六年東京を留守にしたが、沖縄は他国であることをつくづく考えさせられた。特に水処理の分野では、十数年の間に事態はとんでもない方向に進行しているのであった。下水道は補助金のつく巨大公共事業としてますますふくれ上り、業者や政治家の飯の種として毎年四兆円近い金が動き、かつ環境対策技術の中心と多くの政治家も国民も信じ込んでいて、内実は浪費の塊と化していた。水処理業界も最大の金が動く下水道にひきずられて、ますます資本集約型、集中化、巨大化、効率化、固定化の方向に進んで来た。

皮肉な話で、私が進めて来た資本節約型、分散化、小規模化、安定性を重視するやわらかい技術の提唱は、どうもますます少数意見になっていくようなのである。そのことは別に大した困難ではあるまい。先にふれた丹保レポートのように、すでにある程度気づかれている問題であるから、おそかれ早かれ私の仕事はどこかで生きるのだろうが、残された私の時間との競合を心配しなければならない。また少数派から多数派に語りかける言葉をどう選ぶか、大分苦労の要ることだろうと予想される。

それだけではなくて、身体の動くうちに果たさなければならぬ約束が幾つかある。一つは一九七〇年に自主講座の形で発表した公害原論である。そのある部分は三十余年たってもまだ有効であり、被害者の自己救済の運動に役に立つ。今でも総理府に報告される公害紛争は毎年数万件あり、聞いてみるとそのほとんどに対して公害原論は今でも有効なのである。自治体に公害対策部局が作られ、更にそれが環境と名前を変えても、本質的にはこの三十余年変わっていないようである。

もちろん三十余年間に変わったこともたくさんある。公害対策に多額の税金が投入された。とはいってもそれは資本主義市場経済のもとで、利益を生む部門がほとんどである。そしてその間、社会主義計画経済は、公害を制御することにほとんど失敗した。これも三十余年の経験である。そして地球全体の環境は明らかにこの間悪化したが、そのかなりの部分は公害が拡散し、重なり合った結果と見てよいようである。日本型の産業公害は、最近の杉並病のように日本でも依然として進行しているし、アジアへの拡散は進行している。そういう新しい状況のもとで、公害原論は書き直す必要がある。

もう一つ、よくたずねられる質問に、最初に私が書いた本である水俣病についての『公害の政治学』のような、小さな一冊で水俣病の全体像がわかるような本がほしいというものがある。たしかに『公害の政治学』は、私がヨーロッパへ留学する寸前まで、すなわち一九六八年の初めまでで終っている。そのあとに政府が水俣病を公害だと認め、患者の団体が分裂させられ、水俣の第一次訴訟からはじまってたくさんの法廷活動があり、川本輝夫らの直接行動があり、と複雑な経過をたどるようになり、九五年の政治的和解で幕引きがされたかに見えたが、二〇〇四年の最高裁判決でまた振り出しにもどったように見える。
この全体の複雑な流れをできるだけわかりやすくまとめた『公害の政治学』の続編が求められて久しい。それを書き上げることは、この仕事をはじめた私の責任であり、私を教えてくれた水俣病の被害者に対する私の答案を出すことでもある。四十余年前、私は水俣病患者の枕頭で、この不条理の原因は何かを調べて答えることを心に誓った。その約束はまだ果たされていない。

できればこの二つの仕事、『公害原論』と『公害の政治学』は、英文で出版されることが望ましい。アジアを歩いてみるとその必要性は明らかである。もっとも、放っておいても必要になれば英訳されるだろうという考え方もあるが、現実に対してどれだけ先手を打つかということで被害の大きさは左右される。少なくとも先手を取ることによって、被害を小さくしたいというのは自然な願いであろう。公害原論と水俣病、その二つについてそこまで行ければ、生きていた責任を果たしたということになるだろう。特に前者の仕事は、私一人ではなく、自主講座に集まった多くの市民が、ネットワークやボランティアという言葉がひろがるずっと以前に、実質的にその仕事をやりとげた実例として、そこに参加できた好運をよろこぶものである。

工業の農業化

これで私の仕事は全部終えたかと思ったら、前記丹保レポートによる少子化社会への技術的対処の問題が相当大きいことがわかって来たし、その技術思想を伝承する場として、あらためて大学の必要性が生じて来た。計画も技術もやわらかいものであり、状況に応じていくつかの道を選択していくようなやり方が、少子化縮小する経済の中で、前例のない世界の先端を行く日本にとって必要であることが示唆されると、水処理の分野での仕事がかなり増えることが予想される。もっとも、これで飯を食うわけではなく、象徴的な仕事をいくつか、こちらで選んだ条件下でやるということだから、それほど数は多くないだろうが、物を造るというのはそれなりに手間と段取り、そして付いて見ていなければならぬこともあるので、そう人まかせにも出来まい。結構時間をとることにはなりそうである。

もう一つ、私が始めにやって、その経験を引きついでおく方が望ましい仕事に、栃木の水環境がある。これも一九六〇年代からの経過を見ている人間は私一人になった。関東平野の上流県として、今後もきれいな水を守っていく責任が栃木県民にはあるし、そこには私がこれまで学んで来た技術、汚水をその発生源で処理をするという考え方が役に立つ状況がある。どうやらこの分野でも、私は時代を少しばかり先行したようである。

それにしても、私がオランダで老師から学んで来た酸化溝という水処理プロセスは、研究すればするほど奥があって面白いものであった。簡単な構造の池に、曝気用水車を浮かべて、下水を入れて空気を吹き込むと、浄化力のある活性汚泥が自然に発生する。一日四回水車を止めると、水よりわずかに重い活性汚泥は沈澱分離し、処理された水が上澄みになるからこれを排出する。この特徴は毎回機械を止める、いわゆる回分式で運転しているので、一つの池を反応と分離という別々の目的に使うことである。普通我々技術者は反応と分離を別々の容器にやらせて、連続で下水を入れて出す。この方が大量の原料を扱う時は何かと便利であるが、原料の量的、質的変動などには弱い。反応、分離という単位操作を決めて、それを最大効率で達成するような設計をして、それを直列につなぐのが常識だが、最大効率でないところでも運転しなければならぬことはよくある。それに前段がこわれれば後段は動かない。現在益々高級化、複雑化してゆく汚水処理では、しばしばこういうことがある。あるいは、システムの効率と安定性がトレードオフの関係になったとき、どちらを採るかといってもよい。

その点で、安定性が大きく、池一つで有機物、窒素、悪臭が取れて汚泥の発生の少ない酸化溝というのは実によく出来ている。一つの池を有機物、悪臭、窒素の除去と、汚泥の沈澱分離の双方に使うという考え方は、一枚の畑にいろいろな作物を作る小農複合経営に似たところがある。大体下水処理というものはバイオテクノロジーの最先端で、しかも量がべらぼうに大きい。バイオテクノロジーの生産規模はキログラムの桁で数えるとき、こちらは千トンが単位である。こういうことからこじつけて、私は工業の最先端は農業に近くなると決めつけることにした。

これまで、農業は必死に工業のあとを追って来た。大産地形成、周年栽培、規格化、その結果はてしない競争と、自分で自分の首をしめるような近代化で、しかも食えない。しかし元来が変動因子である天候などを相手にして、効率を追いかける方が無理なのではないか。むしろ工業の分野で働いて来た技術者として、伝統的な農業から学ぶものがあるように思われる。農業はもっと自信を持って我が道を行ってよさそうである。

酸化溝でたどりついた結論は、効率を思い切って下げると安定性が大きくなること、中小規模の簡単な構造から、市民による建設も可能であること、食物連鎖と組み合わせれば余剰汚泥の発生も事実上ほとんど見られないこと、など適正技術としての条件をほぼ満たしている。しかし正にその理由によって、現在の高度経済成長を体験した日本の政治情勢のもとでは、普及しにくいことを経験した。巨大化した流域下水道の非合理性を説いて来た私のところを訪れたある町議が、帰りぎわに言ったのは次のようなことだった。

「なるほどお話はわかりました。だが私たち田舎で政治をやっている者にとっては、大規模な下水道の計画が来れば、地主は水洗便所がつけられるので地価が上がり、票になる。土建業者は土の中の工事なので手抜きが出来て、その金の一部はこちらへ廻って来る。そして何十年もかかる事業だから、選挙のたびにあれは俺が取って来た工事だと宣伝できる。これがもし合併浄化槽などで計画されると、せいぜい四〜五年で全部普及してしまうから、選挙で使えるのは一〜二度しかないのですよ」

なるほど、納税者から見て欠点と思われるところが、ある種の立場の人間にとっては全部利点になる、そういう世界に我々は住んでいるのである。このごろはあまり流行らないが、階級社会というものが厳として存在し、その中に我々が生きているのだと思い知らされるような一言であった。科学技術にもはっきりとした階級性、立場性があるのだということは、日本ではなるべく語られないように仕向けられているが、動かしがたい事実である。

あるいは、水俣病やその他の公害の歴史で見られたように、公害の因果関係や被害の範囲までを意識的にあいまいにするような科学が、これまで権力と結びついて要所要所で登場したことも事実である。私の半生は、そういう御用学者とのたたかいであった。私の心の中では、科学が権力の手先となることは、それを業として選んだ人間にとって大変な冒瀆であり、許せないことであった。それは東大ばかりでなく、沖縄でも琉球大学で同じようなことが起こっていたし、大学の独立法人化で産学協同が当たり前になって来ると、大学側には産業の目先の利益に対抗するだけの自主性があるとはとても思えない。なるほど高等教育機関としての大学というものは、これからも問題をたくさん抱え、しかも権力に引きずりまわされて迷走をつづけるものになりそうである。長い間働いた職場の問題として、最終的な答えは他の人が出すにしても、一応の方向は出しておかなければなるまい。

まず、公害の経過に見られたような、企業や権力から金をもらって、原因究明や被害者救済を妨害するために専門知識を利用した例は、犯罪として究明すべきであり、かつ学会のような専門家集団の中ではっきりと批判されるべきものである。これは中世のギルドの方がはっきりしていたかもしれない。ギルドを除名されれば、その職業では食っていけなかったのである。日本を代表すると称する医師たちが権力の言いなりになって昭和五十二年の水俣病認定基準を作り、六〇年に専門家として更にそれを補強する行動をとったような、客観的に明らかになっている事実にさえ目をつぶり、水俣病の過小評価、被害者の救済不足に手をかしたような行為は、二度とあってはならない行為として記録されるべきであろう。事実をねじまげたこのような行為は、職業倫理の問題としても許されないものであるが、財界から金をもらって長期政権を独占して来た自民党、それを容認し、支えて来た日本国民の責任でもある。だが政権交代がひんぱんに起これば、このような腐敗構造は成立できなかったはずであり、現状は我々自身をも含めた民度の水準から来るものであるとも、大筋では規定されても仕方がない。ただ、多くの機会に経験したように、この構造にもツボというものがあり、そこを押せばいろんな反応が出て来ることも事実なのであって、ツボの勉強が足らないと言われればその批判を甘んじて受けなければなるまい。公害の研究にしても、下水道処理法にしても、いつも社会の尻拭いのような仕事ばかりがまわって来るのは皮肉なものである。ユダヤ人は世界が七人の手で支えられているというそうだが、八人目ぐらいになれば幸いなものだろう。

そして丹保レポートが指摘したように、今私たちは大きな岐路に立っていて、衰退と退廃の坂をころげ落ちるか、それとも整然たる縮少と再分配の道を歩むか、選択の可能性を前にして、一人のCivil Engineer市民の技術者として私は後者を歩んでゆく技術を持っている。巨大化した都市についてはどう見ても手に余るが、人口数万の地方都市については市民の先頭に立って環境を守り、改善、創造していく具体的な手順を持っていることになる。いささか生意気かも知れないが、俺を使いこなせないなら、そちらが悪いのだ位の気分で居る。

但し書いたものはずいぶんあるが、あまり筋立ててという書き方でもないし、特定の弟子を取って衣鉢を渡すというやり方をとるひまもなかったので、身についた経験は死んでしまえばそれまでよ、としか言えない。思えばずいぶんいろんな経験をしたものである。

後の人が使えるように、もっと整理しておくべきだったという悔いは残る。特に東大都市工学卒業のテクノクラートたちを十分に訓練することができなかったので、高度成長とその後につづく公共事業万能時代に大変な浪費を許してしまったことは責任を感ずる。もっと自然を読んで仕事をするシビル・エンジニアの典型例を見せてやれなかったか。講座制のもとでは助手には学生をさわらせないというシステムが存在し、自主講座でそれを破ろうとした努力は東大生にはあまり通じなかったようである。ただ学生実験の質としては、ピエール・キュリーとまでは行かなくても日本では最高水準のものを用意したように思う。この一部はのちにＮＨＫの教育番組に実を結ぶことになる。

政権交代というのは実際に大きなもので、自民党からアカ呼ばわりをされていた私が、水の公害を主にした教育番組を用意することになり、それが炎天のおかげもあって視聴率一％を得ることになる。たった一％かと思ったら、百万人が見ているとなるとこの種の番組では大したことになるそうなのである。なるほどテレビの力とは大変なものなのだと思い知らされるものだった。

下水道のような利権の世界の一端に生きている身には、だんだん現実政治というものも見えて来るし、その中でもがいて来た自分をある程度相対化してふり返ることもある。学生運動の消失には、大学に居た先輩として少なからぬ責任を感ずるものだが、自主講座の開講は私なりの一つの答えであった。そのあとの社会党の衰退には、革新自由連合の結成などいささかの努力をしてみたが、タイミングのずれは否めなかった。日本新党の出現を見たときには、つくづく政治の世界というものはタイミングでこうもちがうものかと痛感したもので、自分の行動がそれに合っていないことは、性向がそういう世界に向いていないことの現れとして納得せざるを得なかった。本当の前衛というものは、堆肥のようなもので、革命の大輪の花が咲いた時には土と化して見えなくなっているものだろうなどと憎まれ口をたたくものだから、左翼の党派からは敬遠されるもとになった。しかし自主講座を始めとする活動で、助手というポジションの評価を高めることには多少役立っただろう。ただこれも国立大学の独立法人化と任期制の導入で、御破算になってしまったかもしれない。大学の改革についてはこと志とちがって、妙な結果に落ち着いてしまったが、いずれその責任は国民全体にかかって来るのであろう。この面では、全体としては「力の限りやってみたのだが」という歯切れの悪い答えしか今はできない。

そもそも最初に志した、農業に対する寄与という点では、農業の方が大きく変わってしまったが、それでもなお水と肥料の供給はできる下水処理ということで、ある程度の目的は達したことだろうと思う。公害問題でも、下水処理でも、私の仕事はいつも他人の尻拭いのようなものだが、尻拭いという点ではおそらく日本一の域に達したように自分では感ずる。但しそれが評価されるまで生きていられるかどうかは、運次第ではなかろうか。やわらかい技術と工業の農業化という点では、一応の方向を出すことができたが、目に見える形はもう少し先になるだろう。

考えてみればここまでの活動が出来たのは、やはり戦後民主主義のおかげで、比較的自由に発言しながら生きのびることができた。こういう時代を作り上げるまでの先人や仲間の有形無形の努力に感謝すべきことであろう。その謝意をいくらかでも実現するために、果たさなければならない課題がいくつか残っている。願わくば天がその時を与えられんことを。

【出典　現代技術史研究会会誌「技術史研究」No.74、「技術史研究」No.75】

同窓

茨城・栃木・東大時代

小学校時代の宇井純の思い出

吉田光男
水戸市芸術振興財団副理事長
水戸芸術館現代美術センターディレクター

いじめられっ子で、泣き虫だった

宇井純とは小学校一年から六年生の八月まで同級生でした。学校は、茨城県立女子師範学校付属小学校といって、四十数名の生徒が一学年・一学級で一年から六年まで持ち上がりでした。ですから、宇井とは入学の時から彼が卒業目前の八月に栃木の方へ転校していくまでずうっと一緒でした。とにかく特色のある子供でした。頭でっかちで、身体がそう丈夫でなく、運動も得意ではありませんでした。だけど数学と理科は図抜けていました。三年生の時に六年生の数学をマスターしたとか、六年の時には師範学校の方で理科の実験をしているとか、伝説的な存在であったことは確かで、その点では腕白共から一目も二目もおかれていました。

宇井はいじめられっ子でした。よく泣いていました（笑）。いまでいうところのイジメにあっていました。その先駆者といって良いかもしれません（笑）。とにかく、いたずら坊主がいっぱいいて、彼はかけっこは遅い、色が白くてプクプクしていたので、手頃のいじめ相手だったわけです。しかし、並でなかったのは、泣かされてもただメソメソしているのではなく、口をへの字に曲げて相手にかかっていくという元気を持っていたことです。とにかくイジメの相手に立ち向かっていきました。もっとも、当時のイジメはいまのイジメとは様子を異にしていましたが……。

しかし負けず嫌いと正義感は人一倍

彼の性格と特徴を一口で言えば、元気の良さと負けず嫌いと正義感が強かったことでしょう。とくに正義感という点では、たとえば理にかなわないことや不正義なことを誰かがやるとそれを許さない。追及する。そうすると、あとでまたいじめられる（笑）。その繰り返しでした。ただ、なぜか私とはウマが合ったというか、私もそう身体が強い方ではなかったので喧嘩をした記憶はありません。家にも良く遊びに来ました。母（二年ほど前に九十九歳で亡くなりましたが）が宇井のことをよく覚えていて、晩年は「純ちゃんがテレビにまた出たよ」と、嬉しそうに言っていたのは記憶に新しいことです。いじめられても、泣かされても一本反骨の筋が通った独特のキャラクターで、ですから「あいつは弱いやつではない」というのが悪童連の一致した評価でした。そして、この正義感は後年、反体制と公害の追及ということにつながったと言えるのではないでしょうか。

手紙ににじむ成長の度合い

手元に四通の彼からの手紙が残っています。ちょうど高校時代の多感な時のものです。この時期は、彼の人生の中でももっとも多難な時だったんでしょう。転居先で母親が病気になり、ガンだと宣告されたり（もっともこれはあとで誤診だとわかりますが）生活も大変で、家も転々としていたらしく手紙の宛先が高校気付であったりして落ち着きません。やがて彼は開拓農民として農業をはじめ、「農業に鍛えられてオレはたくましくなった、もうおまえのイメージの宇井純じゃないぞ」と誇らしげに宣言しています。そして同じその頃、将来何になるべきか、いかに生きるべきかについて思い惑い、やがては理工系への道へ進みたいと決意しております。彼には幼い頃から自覚的で物事をきちんと見据えていこうとする傾向がありました。熱いところと醒めているところと両面を持ち合わせていました。後年、象牙の塔にこもらずに現実と向かい合って実際家の道を進むことができたのはそうした二面性のおかげだと思います。

ある日、大学食堂でばったり

高校に進んでからはしばらく音信不通になりました。お互い受験勉強などで余裕がなかったのでしょう。再会したのは大学に入ってからです。互いに同じ大学（東大）に入ったことは知りませんでした。当時はまだ外食券制で、ある日学生食堂で並んでいると、すぐ前の男が振り向いたらなんと宇井だったのです。確かに彼が手紙の中で言っているように、がっしりと逞しくなっていました。私は珍しそうに彼を眺め、元来のいいところは相変わらずだなと思いました。何年ぶりに再会したのにそれ以後あまり会うことはありませんでした。学部が違うとまずは一緒になるということはなかったのです。大学時代は付き合いはありませんでした。そして、彼は助手になり、私は京都（大学院）に行きましたので、それきり没交渉になってしまいました。

なぜか水戸市長選で同じ候補を応援

彼とは近年あまり会っていません。一九八四年に突然電話がありました。その頃、私は水戸の市長選で佐川一信という若い優秀な青年を担いで運動をやっておりました。ところが宇井が彼の応援のため水戸へ出向いて来るというのです。「佐川の応援演説を兼ねて下水道の講師として水戸へ行くから」というのです。その時の選挙の争点の一つは下水道問題でした。佐川の主張する下水道の分散方式の先生は宇井だったのです。つくづく人生の不思議な縁を感じました。皆の協力のもと佐川はめでたく当選し、水戸の町にいい仕事をいっぱい残しました。もちろん分散方式の処理場もつくりました。私のお手伝いしている水戸芸術館も佐川の残したものです。

お互い鼻たらしていた時の付き合いなので、こういう言い方をお許し願いたいのですが、あの泣き虫坊主が本当に大きく育ったものだと思います。幼くして持っていた正義感が成人してからもうまく社会的なものと繋がり、彼自身もさらに成長し、戦後の問題を社会的に広く提起できたことはユニークで偉いところだと思います。日本の良心だし、環境問題の草分けです。

助手を二十一年もやったというのも精神的に普通の人間だったら耐えられないでしょう。そのタフさは、あの泣いてばかりいた子供のどこから出てきたのでしょうか。しかし、いま改めて彼からの手紙を読むと、当時、すでにその力強さが萌芽していたと思わずにはいられません。

歴史が彼の仕事を評価しよう

彼の仕事については、これからの歴史が評価するでしょう。大学の先生を長くしてきたのだから、多くの若い人達を啓発してきたことでしょう。彼の後を受け継ぐ人がおそらく沢山育っていることでしょう。今日、人々が「環境問題」にこんなに関心を抱いているのは、彼・宇井純の功績と言っても過言ではないと思います。

（インタビュー　一九九八年八月二十一日）

宇井についてまとめてお話ししたのは、十年前に〝宇井純の追っかけ〟を自称し、『宇井純物語』[※]をまとめるのでと、わざわざ水戸へお出かけになった司加人（広瀬一好）さんに促されてお話しした一度だけです。これを広瀬さんに全部記事にしていただきました。私が宇井について知ること、思うことのほとんどが集約されていると思うので、広瀬さんのご了解を得て再録させていただきました。

宇井に最後に会ったのはもう七、八年前で、水戸で講演会があったときに訪ねてくれました。沖縄産のマンゴーを一籠さげて、ほんとうに重いのに律儀な人だなあと感心しました。二人で宇井の好物のうなぎを食べました。亡くなった時に私はアメリカに旅していて、ほんとうに失礼してしまいました。

水戸市長選のとき、宇井が水戸までやってきて説いたのは「下水道の分散方式」というもので、当時、建設省の主唱した「流域下水道」と対立するものでした。水戸市の場合、試算すると、広域下水道よりも分散方式にしたほうが市民の負担もすくなくてすみます。当選した佐川一信市長は小さな処理施設を八つも造りました。宇井純説を実行したのです。数年前、国土交通省はこの分散方式も認めるようになったと新聞で読みました。数十年、時代に先行した宇井の先見性をあらためて感じました。

※http://www.southwave.co.jp/swave/uistory/uino2/uino2_00.htm

【出典　「さうすウェーブ」http://www.southwave.co.jp/swave/uistory/uino2/uino2_00.htm】

中学のころから異質中の異質だった

塚原哲夫
日本画家
白鷗大学教授

防空壕の中でも異次元の話

宇井純との最初の出会いは旧制栃木中学に入った時でした。同じクラスで、背の高さも、体つきもほぼ同じでしたので、出席簿は離れてましたが、席は近く、自然に親近感を覚えました。授業が始まってすぐに「なんて頭のいいやつだろう」と思いましたが、なにせ八月十五日の敗戦を迎える寸前の激動の日々でしたから、授業より防空壕に入っている時間が長かったり、教練で敵の戦車をひっくりかえすための匍匐前進で丸太ん棒かついで歩くとかの日々でしたので、ろくに授業は行われませんでした。それでも防空壕の中での彼の話は我々田舎のガキどもと全然違うんですわ。都会から疎開してきた学生が入ってきて、洗練された東京弁で話す。地元に生まれ、がさつに育った我々とは異質でした。宇井はその中で異質中の異質でした（笑）。話が、宇井の場合、都会的であり大人びていて、話題も異質、しかも話し方が論理的。だから、反面いやなやつに映りました。半分はすごいと思うと共に、半分はいじめてやろうと思っていましたが、なにせ劣等感の方が強かったのでできませんでした（笑）。

終戦迎えて授業再開、益々存在感増した宇井

学校を中心にすると、お互いの家は逆の位置にありました。近くに中島製作所という飛行機を作っている工場と飛行場があったので、B29の攻撃を良く受けました。汽車も運休続きで、よく歩かされました。途中で機銃掃射を受けたこともありました。しかし、八月十五日を境にして、じょじょに本来の学校、授業がある学校になっていきました。そうなると、俄然宇井の存在が光り始めました。なんといっても、それまでは丈夫で長持ちで我慢強いのが良かったのに、突然、はい勉強しよう、民主主義ですよ、英語ですよなんて言われたってどうしようもない。でもそうなった時、宇井は英語は出来るは、数学も出来る。そう、我々にとっては異次元の宇宙人みたいな感じでした（笑）。世界観も違う、田舎のガキにすればまさに未知との遭遇でした（笑）。

自治会とか選挙とかでワイワイやってると、その中で論理的であり、しかも主張はものすごくはっきりしている。我々はただただきょとんとしているだけ。と同時に、反発も多かった。でも、旧制でしたので一応試験を通って、選ばれた人間だったので、そう無謀なことはしなかった。半分憧れ、半分しゃくという複雑な気持ちだった。尊敬、誤解、羨望と同時に、すごいとんでもない野郎だ、このままでは宇井の好きなようにクラスがなってしまうのではないか。でも、うっかりやったら後で理論でしっかり仕返しされるのもいやだという心理も働いて、結局手を出すと大変だから好きにやらせておくほかないということになった（笑）。

いじめかねているうちにリーダーに

先生に対しても、教え方がおかしいなんて言って、よく怒られていましたよ（笑）。とにかく、運動以外は何やっても一番でした。でも、その運動も、プールでも放課後一人できちんと泳いでいたり、マラソンでも完走するし、とにかく負けず嫌いというか、何事にも頑張り屋でしたね。結局みんなしゃくで、なんとかいじめてやろうと思っているうちに、意外に親切だし、いつの間にかクラスのリーダーになってしまいました。

みんなが「将来は科学者」と見ていた

中学二年頃からでしょうか、僕が宇井の個性を理解でき、尊敬の念にはっきり変わったのは。そして、この頃から、彼だけは将来科学者になるんだろうなと思った。当時のことでしたから、ほとんどが家業を継ぐのが一般的でした。後から聞いたら、小学校から中学の理科を勉強していたようですが、とにかく科学室を出たり入ったりして、試験管振り回したりしてました。あいつは違う、将来は当然東大に入り、科学者になるんだろうなとみんなが思っていました。とにかく、通算六年間でしたが、その間にクラス替えがあったのに二人はまったく一緒でした。一番近くにいた秀才と凡才でした（笑）。

疎開してきた女学生めぐって大騒ぎ

食っていくという意味で生活は苦しかったけど、とにかく戦争が終わったので、子供なりにある種の気持ちの上でのゆとりみたいなものが出てきました。後から思えばたわいないことですが、当時、やはり都会から疎開してきた、親父さんが古河電工の役員という娘さんが我が家の敷地内に住んでいました。そんなことで、僕は一面識がありましたが、彼女はとにかく垢抜けていて、センスが良く、目立つ存在でした。別学で男ばっかりでしたから、ホームルームなんかではそんな話で持ちきりで、彼女は当時の栃木高女に行ってましたので、みんなで駅のベンチで待っていて、帰ってくるのを見に行ったりして大騒ぎしたことがあります。

なにせ、今と違って男女席を同じうせずですから、電車通学でも男と女は別車両だったり、今の若い人達には考えられないことでした。その彼女は、深窓の令嬢らしくピアノを弾いていまして、ある時、芸術祭というのがあって、ピアノのコンクールが、しかも自分たちの学校であることを知ったんです。とにかく、僕は情報係だからみんなに知らせなきゃならない。抜け駆けはダメなんです。ちょうど五時間目だという。授業をボイコットして彼女のピアノを弾くところを見に行こうということになった。でも、これを宇井に言うと怒られるから彼には黙って行こうと言うことになり、授業をサボって行ったんです。そしたら、なんと宇井も授業をサボったんです（笑）。

そこまでは良かったんだけど、演奏された曲のテーマが終わって、休止符があって、またテーマがあって終わるんですが、そそっかしいヤツが休止符のところで拍手をしちゃったので、つられて皆拍手しちゃったんです。音楽をやってた連中が「失礼だ、謝って来い」と言い出して、僕が顔見知りだから行って来るよと言ったら、俺も行く俺も行くと皆が言い出して収拾がつかない。仕方なく、もう一人が僕の監視役としてついてきて、彼女に謝りに行った。「きょうは大変失礼しました」と言うと「なんでしょうか?」と言われ、あとはしどろもどろで「いや、それでいいんです」とか訳の分からないこと言って退散してきました。それからです、もっと音楽を知ろうと思ったのは（笑）。後日談がまだありまして、今様の言い方をすれば、彼女のファン、二十五人くらいで写真撮ったりしました。それも彼女抜きでですよ（笑）。

でまあ、そういうわれわれにとって超高嶺の花と宇井はひそかに付き合うんですよ（笑）。最後は振られるんですが……（笑）。

芸大時代のレポートはほとんど宇井が書いた

実は、大学というより僕の人生の進路で宇井は大いなる貢献をしてくれてるんです。親父が医者だったものですから、一人息子でしたし親父としては当然のごとく医者にならせたかったわけです。仕方なくある大学の医学部に入りましたが、一年やってどうしても医者でなく、絵描きになりたいという自分の気持ちを抑えられなくなりました。まわりに相談したんです。賛成してくれたのが宇井と、宇井の親戚の人だけでした。少数意見だったんですが、親父にこう言ってくれたんです。「息子さんが医者になったら何人殺すか分かりません。絵描きなら人を殺すことはありません」と。さすがの親父も「ひどいこと言いやがる」と言いつつ、絵描きになることを許してくれたんです。それで芸大をダメ元で受けたんですが、なぜか受かっちゃった（笑）。ご存じのように、芸大は上野です。宇井は本郷で近い。また、行ったり来たりの付き合いになりました。宇井は芸大にしょっちゅう来てるんで、芸大の学生だと思ってる人もいたほどです。僕はとにかく文章を書くのがいやでしたから、レポートはほとんど宇井に書いてもらいました。

レポートではこんなことがありました。例によって宇井が書いてくれたんですが、凄い出来でした。でも、教授は知っていました、僕がこんなレポート書けるはずないと。その先生は「良すぎる」といってCをつけました。宇井にすれば冗談じゃない、というわけです。仕方なく先生のところへ行って「書いてくれた人間がCは不満だと言ってる。何とかして下さい」と言いました。そうしたら教授が「何がほしいんだ」と言うので「せめてB下さい」と言ったんです。そうしたら教授が「お前ってヤツは友情のないヤツだな、そいつのためにAをくれってなぜ言わないんだ」と怒られ、挙句の果てに「どうせ俺はろくにみないで採点してんだから」といってAにしてくれました。まあ、そんな時代でもありました。それにしても、宇井というヤツは科学だけでなく、音楽でも、絵でも並以上の知識をもっていたんです。

人間の視点で公害研究に入ったのではないか

僕は、これまでいわゆる群れを成すというか、グループとか団体に加わらないできました。これは宇井の影響だと思っているんです。中・高で六年、大学でも六年、計十二年にわたって一緒に、いわば青春を共にしました。しかし、そのほとんどを宇井にリードされたといっても過言ではありません。宇井みたいな人間が自分の側にいなかったら、こうなってはいなかったと思います。いろいろな意味での影響は僕にとって絶大です。よくある秀才の冷たさというものは宇井には微塵もありません。時には大きなお世話だとこちらが思うほど面倒見が良いのです。しつこいと思うほどいろんなことを連絡してくるのです（笑）。科学者という視点より人間という視点であいうこと（公害研究）に入っていったんじゃなかったかという思いは、いまでも微塵も変わりません。

（インタビュー　一九九八年八月十六日）

【出典　「さうすウェーブ」http://www.southwave.co.jp/swave/uistory/uino2/uino2_00.htm】

音感合唱研究会時代の宇井純君

尾間知彦
東大音感合唱団トニカOB

太平洋戦争直後から一九六〇年代の末まで、東大音感合唱研究会という「うたごえ運動」系のサークルがあり、駒場と本郷の混声合唱団のほか作曲や訳詞などの創作活動や学内外での普及活動も活発に行っていました。

宇井君は本郷に進学してから本郷の合唱団「トニカ」に入り、二年間、一緒に歌っていました。自ら「どさ廻りの指揮者」と称し、たまに指揮をすることもありましたが、練習の出席率はあまり芳しくなく、むしろ庶民派（?）の論客として会報「トニカニュース」にしばしば論陣を張っていました。

一九五六年一月十日付の第二二二号には、以下のような文章があります。前後の節は合唱団の運営方法に関する意見なので省略し、「僕のコンプレックス『東大生』」の部分をご紹介します。当時の宇井君の考えの一端が窺えます。

テナー　宇井　純

学校をはなれて、よそへ出ると、東大生ってのはいやですねえ。自分じゃ何の気なしでしていることでも、みんな特別な眼でみられる。少し自分で気をつけてみると、なるほどちがうらしい。頭はいいですね。何でも「理論」として作り上げなければ気がすまない。一つができ上がるころには、もう次の議論に首をつっこんでいる。大部分は自分にとぢこもり、外に出るときには必ず指導者として出かける――これは指導者にする方がわるいんですがね。

自分に引きこもっているから、他人のことが問題になると、木でハナをくくったような顔をする。口をひらけば、ほかの人には分からないように云わなければ気がすまない。それでいて淋しいんです。「消耗」ということばが東大生の共通点です。まるで消耗していないと人間でないみたい。

こういう東大生がなぜできたのかは歴史的な意味があるんでしょうが、僕はぞっとします。直そうと思っても、なかなか直るもんじゃありません。でも、僕がいつも、あんな風にはならないようにしようという手本は、T君とN君とH君なんです。ずいぶんおかげで勉強になりました。

トニカ・「森の歌」・宇井さん

木村佐和
東大音感合唱団トニカOG

　宇井純さんと言えば、〝あの水俣の、公害の……〟というほど知名度は高いと思いますが、音楽にも並々ならぬ熱意をもっていた、と言えばその意外性に驚かれる方がいらっしゃるかもしれません。叔父上の夫人が四谷文子さんであったことや、宇井さんのお父上が九十四歳の時自転車で合唱練習に向かわれていた（NHK総合テレビで拝見しました）ことなどから、宇井さんの音楽好きの源はそのあたりにもあったのではと推察します。

　私は宇井さんと東大音感合唱団トニカで一緒でした。そのころの思い出の一つとして、東大五月祭の時、安田講堂の舞台で合唱を披露したことがあります。学生合唱団が安田講堂で歌うのは滅多にないことですから、皆いささか興奮気味でした。最初は足が震える感じでしたが、しばらくすると最後までしっかり歌わなければという武者震いに変わったものです。終わってからの達成感は実に壮快でした。

その後ショスタコーヴィッチの「森の歌」を歌うことになり、芥川也寸志氏の指揮で千人の大合唱「森の歌」（抜粋）演奏会が蔵前の旧国技館・日大講堂で開かれました。トニカからも有志が参加し、精いっぱい歌い終わった後は満足感で満たされた一刻を味わいました。宇井さんは芥川さんと握手までしたのでした。のちに彼がトニカで印象に残ったこととして「森の歌」のことを挙げていたのを思い出します。

それからしばらくして、宇井さんはもとの音感トニカの仲間と「民謡研究会」（フランス古謡など）を始めました。私も参加しておりましたが、仲間は忙しい人ばかりで、そのうち出席できない人たちが出てきて長く続かず、自然消滅と相成りました。ちなみに民謡研究会のテキストに使った「オーベルニューの子守歌」などは、宇井さんが神田の古書店で譜面を見つけ、それをおきはるお氏に依頼して合唱用に編曲したものでした。後にフランスの出版社に注文して、ヨーゼフ・カンタローベの曲集を二冊取り寄せたこともあります。彼の年譜を見ると超多忙なはずなのに、こんなまめなことをやってしまう人なのですね。

宇井さんを一言で言うならば、兎に角まめな人。筆まめ、足まめは勿論のことです。そのまめさが公害の現場に足繁く向かわせたのではないかと思うのです。

昨年（二〇〇七年）六月の「宇井さんを偲ぶ集い」の折、ご出席された大部分の方々は宇井さんが音楽にも造詣が深かったことをご存じなかったように聞き及び、一、二、エピソードを記しました。何しろ半世紀以上も前の事とて、文字通り記憶をたぐり寄せる感じで拙文をしたためました次第です。

開拓農民時代に培われた宇井純の「原点」

広瀬一好
フリージャーナリスト

初めて、宇井純さんと直接会ったのは一九九八年七月二十八日午後七時、沖縄は那覇の沖縄大学キャンパスであった。指定された時間ちょうどに訪ねると、十人ほどの年齢差のある男女が長方形の実験机の周りに座り、宇井さんが話をしている。「なんだ、指定の時間に来たのに会議か?」と少し鼻白んだが、とにかくあいさつだけして、少し離れて待機した。三十分ほどしたら、「きょうは東京から化学工業に精通したお客さんが来られているので、これから四十分ほど話してもらいます」と、いきなり振ってきた。「ちょっと待ってくださいよ、私はインタビューにきたんですよ!」と心の中で叫んだものの、いい年をしてジタバタしてもと腹を括り、たまたま半生を化学の業界紙で過ごしたことで多少培っていたものもあったのと、宇井さんの話を聞いていてデータが五年ほど昔のものだったことに気づいたので、その指摘から始め、思いついたことをあれこれ話し、たまたま三十九分で終わったら、「さすがプロ。時間も話の内容もビビッドですね」とびっくりするようなお世辞を言われ、「これが宇井純?」というのが我が初印象だ。

十人ほどのミニ講座は、沖縄に行ってからすぐに始めていた公開講座で、聴講者は他大学の学生から主婦、歯科の女医さんまでバラエティに富んでいた。終わって、大学近くの居酒屋に行き、オリオンビールで乾杯し、あとは当然のように泡盛へと流れる典型的な沖縄ドリンクコース。そのときが宇井さんと飲んだ最初であった。

こうして始まった宇井さんとの〝付き合い〟は、二〇〇三年三月に沖縄大学を定年退職するまでインタビューあるいは講演会、現場検証への同行などで四十回以上訪沖することになるが、その九〇%方は昼夜お付き合いさせていただいた。五回目くらいのときに宇井さんが大学の近くの三軒の居酒屋を順番に(したがって均等に)回っていることに気づき、当時まだ泡盛があまり得意でなかったのでおそるおそる「沖縄ではワインは飲まないんでしょうか?」と尋ねると、次の瞬間、両手を差し出して「イヤー、沖縄でワインをという人に初めてお目にかかりました」と興奮気味に言われ、次からは訪沖の前にインターネットで「那覇　ワイン」を検索し、東京の人間が那覇のワイン屋を案内するという奇妙な格好になってしまった。宇井さんが亡くなってから、ある人に「宇井先生を早死にさせた犯人の一人」と言われ、あえて弁解はしなかったものの、うち何回かは紀子夫人を呼び出して同席いただいたことも付記しておく。

ともあれ、多くの人たちに「宇井純について」インタビューさせてもらってイメージした彼の「原点」あるいは「幼・少・青年期」について、ほんの一端しか触れられないがまとめてみたい。

宇井さんの生誕は昭和七（一九三二）年だが、ご両親とも国立大学（父上は大学院）卒という最高学歴の家庭に生まれ育った。そして、ご両親が教員で共稼ぎだったこともあって、母方の祖父から強い影響を受けて幼少期・少年期を過ごした。祖父・小嶋時久さんは輜重兵という、背後で軍を支えるという地味な役割ながら兵器、重機などの輸送手段を伝統的な牛・馬車から自動車輸送に切り換える提案をしたり、独学で天文学を極め、作戦立案に供したり、ユニークな業績を残して輜重兵としては異例とも言える少将にまで上り詰め、勲二等という叙勲を受けた。そんな祖父から「科学する心」のＤＮＡを授かっただけでなく、幼少時から実践教育をほどこされ、薫陶を得たことが後世の宇井純のコアになったと言えよう。とにかく、小・中・高の幼・少年期の体育を除く成績は抜群で、知能指数の高い、教師泣かせの生徒であったことは様々な証言から立証される。

そして、多感な高校生時代は、事実上の故郷と言って過言でない栃木県・壬生で祖父のリーダーシップの下、開拓農民生活での過酷な体験――四季折々の自然条件との闘い、集団生活の軋轢、向学心と日常生活との葛藤など――が後の宇井純の生き様を形成したことも紛れもない事実であろう。精神的にも、そして、ともすれば虚弱の部類だった肉体的にも鍛えられ、格段の逞しさが備わった。東大を卒業し、化学会社に就職した後、東大に戻り助手になり、一時は「東大教授」という体制派の典型的なシンボルを志向したものの、それが叶わぬと自覚したとき、自らのスタンスを弱者や公害の被害者側に位置づけたのは、土にまみれ、身体の深奥からの汗にまみれた幼・少年時代の強烈な体験が刷り込まれていたためと考える。

とにかく、「反体制」というひと言で括れるものではないが、いわゆる「長いものに巻かれる」生き方はしなかった。それ故、グループとか派とかに加わることを潔しとしなかった。その意味で孤高の人という表現は大きくははずれていまい。

十年来の〝追っかけ〟の成果を《新・宇井純物語》※という形で集大成しつつあるとき、あれも足らない、これも聞きそびれていたことに気づき、あの世にいる宇井さんを追っかけてインタビューしたい衝動に駆られるが、なんとか残されたエネルギーを費やして宇井純の「実像と虚像」を荒削りでもいいから、一体の彫刻のように彫り上げたいと思っている。

※ http://www14.plala.or.jp/wappa/uijyun/test2.html

水俣病の原因究明

宇井さんの歴史が動いた日

桑原史成
写真家

トップバッターでお声がかかることを嬉しくも思いますけれども、緊張もしております。宇井さんの誕生日は六月二十五日。あさってです。宇井さんと何の脈絡もないんですけれども、宇井さんが十八歳になられたときの六月二十五日は朝鮮戦争が勃発した日とまったく同じなんです。朝鮮戦争は一九五〇年六月二十五日に起きましたので宇井さん十八歳の誕生日だということなんです。なんの脈絡もありませんが（笑）。

今日の昼間の会（自主講座「宇井純を学ぶ」）は真面目な会でありました（笑）。ここではあまりマジメではない、本当のようなウソのような本当の話をさせていただこうと考えております。宇井さんと僕は別々でしたけど、一九六〇年（昭和三十五年）に水俣に入っております。宇井さんとお会いしたのはそれから約二年くらいたった一九六二年一月か二月だったと思いますが、当時、数寄屋橋にありました朝日新聞社の『朝日ジャーナル』の編集部でお会いして、知り合いました。そして、夏ごろ水俣に一緒に行こうということになりまして、一緒に行ったのがともに行動した最初です。その頃の水俣は安定賃金闘争といって、あの水俣工場が争議で大きく分裂して、ロックアウトとかストライキとか大変な争議の町と化していました。そこで、起きた事を一つお話しすることで責を果たしたいと思います。

一九六二年（昭和三十七年）八月十一日という日をちょっと記憶に留めて下さいませんでしょうか。その日に何があったかというと、実は宇井さんの人生を変えるような出来事に出くわしたんです。僕も横で見ておりました。だから目撃者と言っていいんじゃないかと思います。チッソが極秘にネコ実験をやっていたということを宇井さんがどこで情報を収集したのかよく分からないんですけれども、八月十日の夜、同じ宿に泊まっておりましたら、宇井さんが僕に、「あした、時間もらえませんか」って言うから、「何ですか」って聞いたら、「一緒に来て下さい」というわけです。多分、翌日の午前十時台だったと思いますけれども、チッソ水俣病院を訪ねました。

宇井さんは細川一《はじめ》院長がいると思ったようですけれども、その時応対してくれたのはその施設で働いてらっしゃる先生でした。そこでしばらく会話があったんですが、「実はこういう実験やっております」と言ってノートを見せられたんです。ネコ実験をやってたデータを見せられまして、宇井さんは驚いていましたけれども、わたしは写真家志望ですので、実はそれ自体にはあまり関心なかったんで（笑）、横で黙って聞いておりました。

そこに、看護婦さんから連絡があって、電話が入ったのかよく分かりませんけれども、その先生がちょっと席を外されたんです。おとなしく見てればいいんですけれど、宇井さんが僕に視線をくれるんですよ。おい、おいっていう感じでですね（笑）。それで僕はカメラを持っておりましたんで、マイクロレンズを使い、十数ページを複写したんです。で、宇井さんがその後に出された『キミよ歩いて考えろ』の本を読むと、僕の名前が出ていて、しかも複写したって書いてあるんですね。そのとおりなんですけれど、宇井さんは何をしたか、横でノートとっていたって書いていている。これはそう書かないとならなかった、その時期の七十年代の本ですので。

本当は、どのページを撮っていいのか僕は分からないもんですから、どこだっていうと、ここだここだって言うから、宇井さんがノートを手で押さえながら、僕が必死になって上からシャッター切って十数枚撮りました。ほどほどにやめないと、これはやっぱり書写権侵害っていう不法行為になるんですよ。たまたま十数ページ撮ったところで、お医者さんの足音が聞こえたからやめたようなもんですけれども（笑）。で、それは無事に終わりました。僕はその年の九月に東京の銀座富士フォトサロンというところで「写真展『水俣病』」をやってデビューしていくんです。

そのデータをどうするかって宇井さんずっと考えあぐねておりまして、で、院長を辞められて郷里に帰っていらっしゃる細川一さんを愛媛県大洲市に訪ねて行きました。宇井さん一人で行けばいいのに、僕についてこいっていうわけですよね。やっぱり一人で行くの怖かったんだと思いますね。で、宇井さんから「飛行機代や旅費出すから、桑原さん、二、三日あけてくださ い」って言われて、一九六四年三月一日、大洲に同行しました。わたしとしてはただの同行。そこで細川先生の家に泊めてもらって、「実はこういうデータを持っておりますけれども、これは本当でしょうか」と細川先生に宇井さんが尋ねました。「嘘ならノーと言ってください。

イエスなら黙ってて下さい。それで充分ですから」というようなことを言ったんですね。細かいやりとりは忘れてますけれども、夜はお酒をごちそうになったり、おもてなしを受けました。

翌朝帰る頃、細川先生は、宇井さんを引き留められました。「もう少し話があります」と。で、僕はその席には全部いませんでしたけれど、「実は君達が持っているそのネコ実験のデータよりも前のデータがある」と。それは、ネコ実験四〇〇号のことでした。細川ノートというんですけれど、それを宇井さんに打ち明けられたんです。口外してはいけないことになっているのを宇井さんには話されたんですね。宇井さんの一晩の説得が効いたというか、院長の宇井さんに対する信頼があったんじゃないかと思いますけれど。その秘密を貰って宇井さんは東京に僕と一緒に帰りました。実はそのあまりにもでっかい秘密を知り得たために宇井さんは以後人生が狂うような形になります（笑）。

そして以後、十五年間も自主講座が続けられ、それはついに東大教授になれない見果てぬ夢のまま終わっていくような経過がありまして、それについてはご存じの方も多いと思います。NHKに「その時歴史が動いた」という番組がありますが、宇井さんにとっては一九六二年八月十一日は彼の人生の歴史が動いた日であったと思います。

ただ、写真家としては、水俣市内で宇井さんの写真を一枚も撮っていないのです。あのころは一人の学生さんという印象しかなかったし、こんなに有名になる宇井さんだったら、一枚だけでも撮っときゃ良かったと思うんですが、後悔先に立たずです（笑）。ありがとうございました。

【二〇〇七年六月二十三日「偲ぶ集い」の発言より】

「宇井データ」なくして新潟訴訟の勝訴はなかった

板東克彦
新潟水俣病第一次訴訟弁護団幹事長
新潟水俣病第二次訴訟弁護団長

しばらくでございます。久しぶりにお会いした方もおられるかと思います。懐かしい感じがいたします。チッソ附属病院での猫実験の結果を記録した書面を宇井さんと桑原さんが見ていたことまでは承知していたのですが、その先のこと、つまり、桑原さんがそれを写真に撮っていたことまでは、口を閉ざしていて話をしてくれなかったのですが、先ほどはっきりとお聞きしよくわかりました。

私がこれからお話しするのは、細川一院長がつけておられた「細川ノート」をめぐる話です。いわばその後日談です。宇井さんと私が出会ったのは新潟水俣病第一次訴訟提起前夜の昭和四十年六月十一日、決起集会をしているときに彼が会場の新潟市の公会堂に見えたのが最初でした。で、それはそれとして、その後宇井さんには新潟の水俣病に関して特別の情熱をかけていただき、大変お世話になりました。宇井さんはよく、「四国の大洲に引退されている細川一先生はこれからの水俣病裁判に必要な方だ」と言っていました。いま、桑原さんのお話を伺って、その意味も漸くよく分かりました（笑）。桑原さんには「チッソの病院に宇井さんと二人で行ったときにカメラマンとして、チッソ附属病院にあった猫実験の記録をみせられて、桑原さんがシャッター切らないはずはないでしょう?」と会うたびに詰問していたんだけれど、桑原さんは口をつぐんで絶対言いませんでした。やはり言えない気持ちがあったんですね。だけど私は確信しておった。いま桑原さんにそのときのお話をお聞きし、やはりそうだったとわかりました。本当に今日は記念すべき日になったような気がします（笑）。

さて、それから物語は展開するわけです。昭和四十四年の四月にチッソの第一組合の岡本達明さんが、「水俣に来て、チッソの工場の門前で、闘う第一組合員に激励のあいさつをしてくれ」と言ってきたんです。今日、家内も来てますが、二人で招待を受けました。そうしたらそのあと石牟礼道子さんから手紙が来て、いまからみると、みんなで示し合わせていたという感じがするんですが、板東が水俣に来る前に四国の大洲に寄ってきてくれと。そして、細川先生のお宅に伺ってネコ四百号の実験ノートを見せてもらい、その中身を確認してきてくれ、いまノートを見られるのは板東しかいないからと。そこで、水俣に行く前に四国に渡り、細川先生が書いておられたノートを見せていただきました。ノートには、「ネコ四百号、昭和三十四年七月二十一日からアセトアルデヒドの排水を毎日二十ccずつ基礎食にかけて食べさせたところ、十月七日に発症」とあり、さらに「昭和三十四年十一月三十日、社内研究班会議。病院側から係排水の研究（本実験）を強調したが、徳江氏（当時の技術部長）等にけられた」と書かれてあったのです。熊本水俣病事件は昭和三十一年五月一日に公表され、原因がチッソの排水であることがはっきりしていたにもかかわらず、チッソは、この猫実験の結果を隠蔽し、昭和三十四年十二月三十日、死者わずか三十万円という僅かばかりの見舞金を患者に押し付け、運動を押しつぶしてしまったのです。私は、細川宅でノートの写真をとらせていただき、これを熊本地裁に証拠として提出しました。熊本地裁は、昭和四十八年四月、「チッソと水俣病患者家庭互助会が締結した『見舞金契約』は、民法第九十条の公序良俗に違反して無効なり」という患者全面勝利の判決を下しました。私に言わせると、その決定的証拠になったのが、細川先生のノートと証言であったと思っています。それは、とりもなおさず、ネコ四百号の実験を確認した宇井さんの業績であったと思っています。

つぎに、あらためて新潟水俣病に関する宇井さんの功績について述べておきます。新潟水俣病は昭和四十年六月に被害が公表されました。当時、宇井さんは、合化労連の機関紙『月刊合化』に「富田八郎」の名で「水俣病」を連載していました。確か十三、十四回めのときに新潟の事件が起きたわけです。宇井さんは早速「水俣病」の抜き刷りを新潟県衛生部長の北野博一さんにとどけました。国からの情報が乏しいなかで、北野さんは宇井さんからの情報を頼りに被害調査などできめ細かな対応を行い、新潟の被害を最小限度にとどめました。

私たち弁護団も本当に助かりました。これを見てください。当時の新聞記事のマイクロ写真です。熊本大学の先生方の書いた論文等もあります。私たちが第一次訴訟を提起したときには、水俣病に関する資料はまったくといってよいほどありませんでした。そうしたなかで、弁護団は昭和四十三年の秋に最初の弁論を行いました。私は宇井さんから提供されたマイクロ写真を虫眼鏡で解読しながら準備書面を書き上げていきました。

時間をオーバーしましたが、もう少し続けさせてください（笑）。宇井さんは新潟の裁判には自ら補佐人として化学の知識に乏しい弁護団を補佐し、法廷に立っては、昭和電工が繰り出す証人に対する反対尋問までしてくれました。

そしていよいよ最終弁論です。宇井さんは「発生源の設備についての知識を持たない被害者原告側が因果関係のすべてを立証しなければならないというのは不平等である」との論陣をはったのです。これを受けて新潟地裁は昭和四十六年九月、原告勝訴の判決を下しましたが、その中で、「原告が工場の門前まで因果関係の立証を行なえば被告会社が明確な反対立証をしない限り、因果関係があったとみなされる」との判断を示したのであります（拍手）。

いまも私は水俣病と闘い続けております。といいますのは今年に入りまして、新潟県の泉田裕彦知事が、新潟県独自の患者救済策をとるために九人のメンバーを指名し、解決策の提言を求めたのです。そしてそのメンバーの一人に私が指名されました。これからの半年が勝負だと思っています。

最後に、皆さんのご支援をお願いして私の報告とさせていただきます。有難うございました。

【二〇〇七年六月二十三日「偲ぶ集い」の発言より】

真の文明は山を荒らさず、川を荒らさず、人を壊さざるべし

土本典昭
記録映画作家

宇井さんとは、昭和四十年に私が最初のテレビ映画を作りましたときからでございます。彼がまだ結婚前でございまして、すぐそばに住んでおられましたものですから、ゲタ履きのまま来られて、「あのシーンに出ている不思議な文章があったけれども、あれはどっから出たもので、全文は何が書いてあるのか」と聞かれました。もちろんそれにお答えしましたけれども、そのときの宇井さんの印象は、本当に若々しくて、この人だったら水俣に行っていろいろな人たちと親しくしゃべるだろうなと実感できました。本当に素直なはにかみの多いしゃべり方ですので、僕は良い人が東京から水俣に行ったな、とその時思いました。

二人で外国に行ってすごくおもしろかったことを一つ申し上げます。つまり、自分の名前を「ジュン・ウイだ」と言うんですね。それをフランス人なんか驚いちゃうんですね。ウイとは「ハイ」ですので、「ジュンです」と言っているのと同じですから。フランス人が僕に、「ウイジュンてのは本名か?」って聞くから僕はゲラゲラ笑って「本名だ」と言うと、そのフランス人は「ウイっていうから非常におかしい」と笑いながら言いました。しかも覚えやすくて、宇井さんの人柄を表してると思うんです。

ところで、私は、宇井さんは奥さんの非常に強いバックアップを受けたと思います。七〇年代はよかったんですが、八〇年代になったら、宇井さんは本当に辛かった。社会の公害問題への熱が冷めるとともに、東大での宇井さんの名声に対するやっかみが多かったと思います。そのことに苦しんだ宇井さんを知っています。

奥さんが書かれた書が（会場に）出されておりますけれども、田中正造の言葉で、「真の文明は山を荒らさず、川を荒らさず、人を壊さざるべし」っていうんですね。この署名が宇井純でもなく、奥さんでもなく、田中正造ってしっかり判を押してあるんですが、それが宇井さんのメッセージになるんですね。これを書かれた奥さんも僕は立派だと思いました。宇井さんが落ち着いて晩年をお過ごしになったろうと思いたいんですが、やはりきついこともあったということで、いろいろあったろうと思っています。

でも奥さん、あの宇井さんの言葉を田中正造の言葉に変えていかれたお二人の関係を私は見事だと思います。どうぞこれからも毎年こういう会がありましたら、奥さんは宇井さんの話をして下さい。では、忘れないために、今後も宇井さんを忘れないために、献杯させていただきます。

【二〇〇七年六月二十三日「偲ぶ集い」の発言より】

土本典昭氏は二〇〇八年六月二四日ご逝去されました。

小さな声の宇井純さん

石牟礼道子
作家

茫洋とした顔つきで宇井さんは私の家に現れた。「宇井と申します」。今は亡き赤崎覚さんが我が家に来てお相手をした。私の関心は何よりも水銀とは何だろう、ということだった。体温計の水銀しかみたことがなかった。体温計の水銀を取り出して海に流すとします。どのくらい流せば膨大な患者が出るのか。あんな高価そうなものをそんなに海に流せるでしょうか。小学生が考えそうなことを宇井さんに根掘り葉掘り尋ねた。宇井さんはそこが僕も不思議なところです、とおっしゃった。

東大の先生でもなく、学生でもなく、助手だという。私といえば、高校にも行ったことがなく、大学ももちろん知らない。そのころ宇井さんは東大で現代技術史研究会を作ったと話された。日本の技術史の盲点に今までのようなことがおきるのであろう。私は考え、その会にゆくことにした。宇井さんは会話のなかで、なにげなさそうにおっしゃった。「実は有機水銀を食べるバクテリアを飼っているんですけれどもね」。宇井さんに飼われているバクテリアのことが知りたくて私は東京まで行ったような気がする。その後、東大の都市工学部で始められた自主講座。一体どのくらいの人たちが出入りしたのであろうか。あの自主講座で育てられた人たちはおびただしいのではあるまいか。第一回の東京における水俣の集会が都市工学部を半ば占領して行なわれ、「東京水俣病を告発する会」が発足した。小声で話される宇井さんが実に頼もしかった。ニトロをポケットにいつもしのばせて、奥さんのことをいつも気にかけておられた。

【二〇〇七年六月二十三日「偲ぶ集い」への寄稿】

宇井純と水俣病

原田正純
熊本学園大学社会福祉学部教授
水俣学研究センター長

一九六〇年代の前半、私は水俣病の多発した漁村地区でうろうろしながら調査をしていた。その頃、「東大の院生が資料を漁っているようだが、何をするか分らないので用心するように」と熊大関係者から注意された。この院生こそ宇井さんだったが、当時、知る由もなく気にも留めなかった。

最も早くから水俣病を医学だけでなく総合的な科学として捉えることの重要性を指摘したのは宇井さんだった。その宇井さんが奇しくも正式確認から五十年目に逝った。宇井さんは一九六四年十一月から当時の合成化学産業労働組合（合化労連）の機関紙『月刊合化』に十三回にわたって富田八郎《とんだやろう》というペンネームで水俣病を掲載して、問題の重要性を指摘した。これは貴重な資料として裁判で役に立ったし、今なお貴重な原資料である。

宇井さんは一九六五年六月、新潟に第二の水俣病がおこった時、その応援のために駆けつけた。宇井さんは、水俣で原因企業のチッソが工場内でメチル水銀が生成されていたことを隠していた事実をつかんでいたが口を閉ざしていたということに対する慙愧の念を持った。そのため、一九六七年六月提起の新潟水俣病裁判では特別補佐人として奔走し、一九六九年六月に始まった熊本水俣病裁判でも貴重な意見や資料を提供してくれて、勝訴へ導いた。

熊本で裁判が始まった当時、原告の家族も水俣病の症状を示していたが、全員水俣病と診断されていなかった。私はその悲惨な事実の前になす術もなくしていた時、宇井さんと出会った。患者家族に隠れた悲惨な未認定患者が多数いることを話した時、宇井さんは涙を流した。しばらくして、宇井さんの紹介で『科学』の一九七一年三月号に私の「潜在水俣病――病気の全貌はまだ明らかにされていない」という論文が日の目を見た。これが未認定の隠れた患者の存在を指摘した最初である。この論文が縁で、岩波新書『水俣病』が刊行された。これらは全て宇井さんの問題の重大さを嗅ぎ分ける才能によるものであった。

一九七〇年五月には低額補償で斡旋しようとした厚生省に支援者、患者らと座り込んで逮捕されるという一幕もあった。文字通り体を張って支援した学者がいたことが私には驚きだった。その年の十月から始まった東大自主講座は各地の被害者、学生や若い知識層に大きな影響を与えた。それが契機で水俣に住みついた若者も少なくない。宇井さんは次々とアイデアを出して私たちを驚かせた。一九七二年六月、ストックホルムの第一回国際環境会議に日本の公害被害者と乗り込んで直接、世界に訴えようというのも宇井さんの提案だった。一九七五年に宮本憲一、永井進、淡路剛久さんらと国際環境調査団を組織して、世界の汚染地区を調査したのも宇井さんの提案だった。

権力には怖くて、弱者にはやさしい型破りの学者であった。別れは宿命ではあるが、私にとっても水俣にとっても大きな存在であった。若い人には笑われそうな古い死語かもしれないが「戦友」という言葉が私と宇井さんにぴったりの言葉である。

【出典　二〇〇七年六月二十三日　自主講座「宇井純を学ぶ」冊子】

宇井先生との不思議なご縁——水俣病——

浦﨑貞子
新潟水俣病共同研究会
熊本市うらさき母乳育児相談室助産院・助産師
新潟大学大学院博士課程

四十年近く前になるでしょうか。当時看護学生だった私は、英語の講師であった宇井先生のお父様から、純先生のことを聞いていました。今でもそのときのことが鮮やかに蘇りますが「私の息子は宇井純だ」と誇らしげにお話になり、自主講座のことを紹介されました。その後自主講座のチラシを手にして出かけた、東大の安田講堂で宇井先生にお会いしたのですが、残念ながらそのときの講座の内容はまったく記憶に残っていないというい い加減さです。

やがて時はあっという間に過ぎ去り、東京から郷里に戻って熊本学園大学社会福祉学科に入学しました。二〇〇一年に第六回水俣病事件研究会が熊本学園大学で開催されたとき、約三十数年ぶりに宇井先生にお目にかかりました。熱っぽく激しく語っておられた青年宇井純先生が、優しさにあふれる、落ち着いた熟年になっておられました。ロビーでタバコをくゆらせている先生の後姿には、深みのあるセピア色のなんともいい感じが致しました。そのときに私の看護学生時代のこと、お父様のことをお話ししたことが良い思い出となりました。

二〇〇四年には、第九回の水俣病事件研究会が新潟で開催されました。その時、新潟青陵大学に勤務していましたので事務局をお手伝いしました。雪の中での研究会でした。昼も夜も議論しても尽くせないような研究会に圧倒されそうな感じがしていました。もちろん宇井先生も出席されました。厳しい意見や批判も飛び交い、若手の研究者にとっては緊張の連続です。厳しい質問にめげそうな後輩の院生（学園大学）に、優しく「大変なことをよくやっているよ。しっかり研究を続けてください」と目には涙をためながら励ましておられました。それが、在りし日の宇井先生のお父様の姿と重なって、私にはとてもとても有り難く感じられました。

現在私は、新潟水俣病事件で実施された胎児性水俣病防止の行政指導「妊娠規制」「授乳禁止」について新潟大学大学院で研究しています。新潟水俣病第一次訴訟の原告証人として裁判に立った先生の答弁の文書や『公害原論』などを、今からでは「時期遅し」の感もしますが、懸命になって読んでいます。大学院で原田正純先生にご指導を受け「水俣病事件」を、これからの人生のライフワークとして、取り組み始めてから、不思議なご縁が続きます。

新潟水俣病共同研究会は、木戸病院名誉院長の斎藤恒先生からの呼びかけから始まりました。この研究会は様々な人の集まりで柔軟性がありますが、その反面今でもふらふらしています。それでも水俣病被害の実態究明に、また「新潟水俣病」を後世に確実に伝えていくために地道な研究を続けています。この研究会が先生の意思を引き継ぐ人たちの学びの場、育ちの場となることを願いつつ。

宇井純先生、いつまでも天国から見守っていて、励ましてくださいね。

自主講座と安田講堂

久保田好生
季刊『水俣支援』編集部

一九七〇年の秋、自主講座「公害原論」が始まった。会場は前年の一月十八・十九日に全共闘が機動隊に強制排除された安田講堂のすぐ脇、東大工学部八号館である。入試も翌年復活し学内は「正常化」されてはいたものの、七〇年安保の余韻もあり、立看板が林立している時代だ。「学問は誰のためにあるか。大学生として出世の梯子を上ることは許されるか?」という、学園闘争の「自己否定論」を負い目としつつ受験戦争を抜け大学生になりたての自分にとって、誰でも受講できる夜間講座は新鮮だった。老若男女が立錐の余地なく席を埋め、ときには被害者も語る。患者や住民のためになる学問があるとしたら、こういう場所ではないかと感じた。

その講義の主が、当時まだ三十代の宇井純東大助手だった。

自分は、同じ年に発足した「東京・水俣病を告発する会」に、特にチッソ本社自主交渉以来深く関わったので時々聴講したりビラまきやカンパ要請に行く程度だったが、告発する会と自主講座は、親戚筋のようなところがある。告発する会の発足の会場が同じ場所で宇井さんも発言されたし、都市工学科の院生で宇井さんの「教え子」にあたるAさんやSさんは在京水俣支援の初期の中心だった。一九七五年カナダ水銀汚染被害民来日では、自主講座実行委員会と共同で歓迎や水俣・新潟への案内を手伝った。

実行委には、講座の企画・主演の宇井さんを支えるベテランスタッフとして外国語に堪能な松岡信夫さん、印刷店主でのち水俣に移る安川栄さん、亜紀書房の棗田金治さんがいた。八号館の大部屋が実行委員会の「占拠」状態で、宇井さんが沖縄に転ずるまで活動拠点になっていた。専従を担ったKさんや大学助手Oさんを軸に、学生が泊り込みも辞さずにテープ起こし・ビラ刷りや運動現場との連絡を行なう。宇井さんが若手スタッフには注文が多いらしいことも垣間見た。

カナダ被害民と交流の折、宇井さん筆の『ジュリスト』増刊号所収「水俣病」概説に続編が必要になって私が書いたら、わかりやすいとほめて頂いた。これが最初の会話だったが、「直属の部下」でなかった分、得したのかもしれない。その頃、水俣では川本輝夫さんが支援者と少しぎくしゃくし、三里塚でも戸村一作さんに青年行動隊の反発もあると伝聞した。企業や政党・労組のような命令系統の確固たる組織でなく、いずれも無給ただ働きが当然の今で言う「ボランティア」軍団では、風当たりが全部トップにいくから大変だろう、と川本さんを支えながら宇井さんを想像した。水俣湾のヘドロ処理工事の安全性を問う一九七七年の仮処分の折は特に、川本さんは宇井さんを深く頼りにしていた。

沖縄から帰京後、水俣が一番お世話になったのは、「水俣に産廃処分場? とんでもない！全国の声」の共同代表を土本典昭さんとともに担っていただいたこと。今年六月に業者が撤退を表明したので、天上の宇井さん土本さんには何よりの手向けとなった。宇井さんが自伝で心残りとしておられる「水俣病の新しい概説書」は、自分たちの代で担うしかない。

一九六九年頃はノンポリ高校生だった自分が言うのもおこがましいが、学園闘争が問うたのは、大学という制度や学問・科学技術は何のため・誰のためにあるべきか、ということだと思う。そして、東大全共闘が医局を問い産学協同を問うたそのあとを、違った形で自主講座が担ったのではないか。企業や政府の都合に合わせて黒を白という露骨な曲学者の例も、学問や技術が世のため人のためになる可能性も、そこではにぎやかに開示されていた。宇井さんが東大闘争の頂点の年に西欧で公害研究をし、安田講堂のふもとに翌年戻って来られたのは天の配剤だったかもしれない。

自分自身、高校の教職にあって「知」を糊口の道としているわけだが、食い扶持と自分の志にどう折り合いをつけるか。仕事で所掌する権限や知識情報を、どこまで全うに扱えるか。宇井さんが公害原論や大学論を通じて「知識人の責任」を問い続けたことを忘れまい。

ご逝去の年の暮から、旧知の自主講座メンバーや、日本環境会議の皆さんなどと「宇井純さんを偲ぶ会」として集い、東京での追悼を準備した。在職者の借用だと東大構内施設が負担少なく使えることもあり、昼の「自主講座　宇井純を学ぶ」を安田講堂で東大の先生方の実行委が主催、翌年六月二三日は約千人の参加者で埋め尽くされた。水俣からも多くの上京を得たが、「あの安田講堂に初めて入ったばい、と、帰ったらじいちゃん（夫・輝夫さん）の仏前で自慢しようごたる」と、川本ミヤ子さん。

夜の部「宇井純さんを偲ぶ集い」（文京区民センター）も四百人近くでぎっしり。懇親メニューの白眉は、宇井純人脈に精通する広瀬一好さんの差配によって栃木の食肉会社（宇井さんが工場の廃棄物処理工程を設計）から提供された肉団子や高級ソーセージ。岩手の酒造会社（沿岸の公害プラント立地反対で助言）からは特製ラベルの日本酒。水俣のイリコなど各地の産物も届き、宇井さんのお仕事の果実は参加者の胃袋をも満たしたのだった。農学部の近くにある自然食店には玄米のおにぎりを注文したが、やや年配の女性店主が「よく自主講座を聞きに行ったものです」と懐かしみカンパも下さった。

宇井さんと自主講座が播いた種は、キャンパス外のあちこちでも根を張り葉を繁らせているのだろう。

自主講座と大学の学問

立場の違いを超えて

坂口光一
九州大学大学院工学研究院教授

宇井さんといっしょに歩んできた道を語るというのは、私のいまを語ることでもありますし、大牟田市役所の初代公害課長として公害問題に取り組んできた父親の軌跡にもつながるところがあります。また、宇井さんと出会い、自主講座をやってきたことは、どう生きていくべきかを考える出発点でもありました。

私は一九七二（昭和四十七）年に東大に入りました。七三年の十一月に、大牟田市役所の武藤泰勝さんが自主講座で講演されるということで、「大牟田」ということが気にかかり、それを聞きに行きました。そして、結果的に、丸八年の大学生活のうち五年間を自主講座の実行委員として送ることになりました。僕は宇井さんのお膝元の都市工学の都市衛生コースにいたこともあり、宇井さんから実験というか分析を教えてもらいました。そして、こちらへ戻ってからは終末処理場の問題や三西化学（久留米市荒木町）の裁判などにかかわってきました。

そういうことでいうと、学生、自主講座の実行委員、そして大牟田の公害問題という、さまざまな立場で宇井さんとつながってきました。

私が子どもだったころは、公害の分析装置もなにもありません。現地に行って臭いをかぐ、汚れを見る、そういうふうに自分の体をセンサーにするしかありませんでした。だから、父はほとんど毎朝、役場に行く前に自転車で調査に行っていました。ときどき、私も自転車の後ろに乗ってついていきました。そうやって父の背中を見て育ってきたのです。

高校はラ・サールだったんですが、まわりが文系なら東大法学部、理系なら医者をめざすという変な状況のなかで、僕は社会につながる仕事、公害にかかわる仕事をしようと思って、東大の都市工学をめざしました。入学して一年ぐらいはいろいろなことをしていましたが、やっぱり公害が頭のなかにあって、自主講座に出会ったのです。

自主講座での最初の二、三年は毎日ほんとうに貴重な経験をしました。当時、田舎の高校生は新聞も読んでいない状態で何も知らない。それがナマの公害に直接触れたわけで、すごい衝撃でした。

宇井さんにくっついて、「巡業」と称して各地をまわりました。「求められればどんなところへも行く、辻説法だ」と宇井さんは言って、一日二か所、三か所で講演をしていたこともありました。二時間、三時間の講演を一日二回、しかも終わったあとは住民との交流会で、ほとんどしゃべりっぱなしでした。でも、宇井さんはほんとに話がうまくて感心しました。

自主講座における経験は、私の言わば原点となっています。宇井さんにたくさんのことを教わりました。とりわけ現場主義。とにかくつべこべ言わないで現地に行って、直接話を聞いて、自分で見て、そこから考えろっていうことで、これについてはある意味、封建的なぐらい厳しく、小ざかしいことを言おうとするとばしっとたたかれるという感じでした。

宇井さんはまさに、体を動かす人でした。強行軍の巡業で疲れていても、住民と酒を飲みながらずっと話を聞く。講義録をつくるときも、夜中まで製本につきあってくれる。そういった意味で、本当の現場主義者でした。

自主講座の実行委員たちが拠点にしていた東大の部屋は不夜城みたいな感じでした。作業をしたり、食事をつくったり、寝泊りしている人もいました。学生だけではなく住民も、新左翼系のいわゆる過激派や、グリーンピースの人など、雑多な人が集まってくる、まさに梁山泊のような不思議な空間、時間でした。そこでも、やはり宇井さんの存在が大きかった。

宇井さんは嘘がない人で、みんな、そこへの信頼感がありました。権力に対するときには烈火のごとく怒って、住民と接するときはものすごく柔和でした。

宇井さんはつねに、加害者か、それとも被害者の側に立つのか、と迫りました。住民が動くことで、企業も行政もそれを無視できなくなり変わっていく。非常に貴重な運動だったと思います。

私は一九八〇年に九州（福岡）に帰ってきました。

これからどういうふうに宇井さんの遺志を受け継いでいくのか。

公害の問題も、大気汚染や騒音というわかりやすいものでなくなってきました。ダイオキシンだったり原発だったり、非常に見えにくい。また、いじめのように、だれがいつ被害者になり加害者になるかわからない、そういう問題が増えてきています。

そのなかで、共生ということが地域づくりのなかで重要になってきています。これまでの公害への取り組みの歴史や伝統、実績を生かしつつ、立場が違うけれどもいっしょにやっていくにはどうするか、そういう道をさぐっていけたらと思っています。

【二〇〇六年十二月二日　大牟田「宇井純を偲ぶ会」の発言より】

「宇井さん」と呼べた人間関係が懐かしく

児玉寛太郎
会社員

自主講座「公害原論」（一九七二年秋〜一九七九年春頃まで在籍）は、私にとって、新鮮であった。その時代に生きた人たちにとって、それぞれに大事な問題があったはずだが、当時の私にとって、公害問題は当時の大きな問題、解決すべき大きな政治課題、学問の課題であったし、また公害原論に関わることは自分の生き方の問題、人間関係の問題であったと思う。

様々なきっかけで公害原論を聴きに来ていた学生、社会人が、公害原論の開催を手伝ったり、講義録を作るテープ起こしを手伝う中で、口下手だが体を動かすのが得意と宇井さんが言っていた学生と社会経験を積んだ社会人が、公害問題をテーマに集まる場、情報の交換の場、酒も大いに飲んだ場、人生経験の場が、自主講座「公害原論」だったと思う。自主講座分室で、原稿起こしをしていた仲間達、講座の後の講師との飲み会。松岡さん、安川さん、棗田さん、近藤監督、平山さん、岡部さん……。

様々なことがよみがえってくる。そこでは、宇井純さんを、先生と呼ばずに宇井さんと呼ぶことの出来た人間関係があったことが懐かしく思い起こされる。宇井さんに怒られたことも懐かしい。

今では、環境問題について様々な観点から語られることが多くなったが、当時、公害問題を柔軟な考えや多様な観点から取り上げ、様々な分野の講師、様々な地域から公害の被害者を講師として招いて、公害問題、地域開発の問題を取り上げ、それを講義録にし、紙つぶてとし、全国の情報交換の場、情報発信の場となったことが、宇井さんと宇井さんを中心に集う「自主講座公害原論という人間集団」がコツコツと成したことだったのではないか。

人それぞれの価値観があるように、様々な多様性があったこと、多様性を認めた人間関係を大事にしたことが、自主講座の良さ、自主講座の誇ってもいいことだったと、私は当時も思っていたし、今でも思っていることである。

マイノリティの記録を残す仕事を

川鍋昭彦
自主講座「大学論」実行委員
株式会社パンオフィス代表取締役

東大本郷工学部二号館、大講堂のなかは熱気で満ちている。会場の席はあらかたうまり、立ち見の参加者もいる。壇上には司会の宇井さんとゲスト。真剣な眼差しで聞き入る人たち。一番前の机の上には、大型のオープンリールのテープレコーダと二台のカセットテレコが並んでいる。実行委員が十五分ごと少し音をダブらせながら録音し、カセットテープを交換していく。

講義が終了すると、受講者のひとたちにそのテープを渡し、録音したものを次の講座までに文字に起こして持ってきてもらう。録音されたもののほとんどがそうしたボランティアよって支えられたものだ。

文字になったものはまとめられ、トーコー印刷の風間さんの和文タイプライタでタイプ原紙に印字、活字化される。出来上がった原紙は、工学部八号館にある印刷室で「デュプロ」や「ゲステットナー」といった謄写版印刷機にかけられる。操作をするのはもちろん実行委員のメンバーだ。原紙の耐久枚数はおおよそ二千〜三千枚といったところだったと思うが、人気のある講座では一万枚を超えて印刷されたものもあった。原紙がしわくちゃになるまで印刷された。

一枚の紙に四ページ分印刷されたものは、水道橋駅近くにあった「折本所」で二つ折にされる。こんどはその二つ折にされたものをページ順に並べ、ページごと一枚ずつ重ね合わせていく。さらに何冊分か重ね合わさったものを束ね、背表紙にあたるところに紙工用ボンドを塗っていく。ボンドが乾いたら表紙のところに洋食器のナイフをあて、一冊ずつにばらす。一冊ずつにされたものを表紙（正式には裏表紙にあたる）の方を上にして数冊分を背表紙の幅＋二〜三ミリ程ずらして、再びボンドを塗り、こんどはそれが乾かないうちに次々と表紙を折り返して背表紙をボロ布でこすりきれいに仕上げる。こうしてほぼ講義録の原型ができあがる。最後は飯田橋近くの「断裁所」で背表紙を除いた三方を化粧截ちしてもらってはじめて講義録になった。

　これを読んでもなんのことだか分かりにくいと思うが、自主講座に参加して「製本祭り」と称して製本作業に関わった人には、懐かしく感じてもらえるのではないかと思う。私が自主講座に参加した数年間は、ほぼこうした作業をもっぱらにしていた。あの時の高揚感、充実感を今でも忘れることができない。そのおかげか、結局印刷物制作の仕事を今日まで三十年以上続けることになってしまった。

　宇井さんは、徹底して自主講座を組織運動体としなかった。一般の市民が無理をしないでできることをする。机上の空論を闘わせるのではなく、実践を通して少しでも前に進めるようにする。それは一本道ではなく、それぞれの道があり、歩み方もそれぞれのものがあると教えていただいたように思う。

　今後も、さまざまな人々の記録を、特に歴史に埋もれがちなマイノリティの側の記録を残す仕事を続けていきたいと思っている。

〝志〟は出会った人たちに伝わって

吉村親義
自主講座「大学論」実行委員
株式会社アテネ社代表取締役

宇井さんと出会ったのは、二十代前半、友人と一緒に聴講した第一回公開自主講座「大学論」です。公害問題で常に対峙する「御用学者」「官僚」、その大本の東京大学を「解体」するという運動でした。今の状況を見ても宇井さんのおっしゃられていた「東大解体」は正論であったと感じることも多々あります。

私は、当時の宇井さんの歳を超えた今でもあの時のことは鮮明に覚えています。まるで梁山泊のような東大八号館三〇一号室、その空間の数々の息吹のなかに宇井さんがいました。東大の教員という立場で、学内でこんな活動がよくできるものだと感心しました。もちろん目に見えないところでのご苦労はあったであろうと思いますが。

その後、実行委員は日々の仕事や生活で足が遠のき、三〇一号室も寂しい状況となっていきました。沖縄行きが決まり三〇一号室を撤収されるとき用事があって伺いました。そのとき宇井さんがお一人で片づけをされている姿を見まして、申し訳ない気持ちと時代の移り変わりを感じたものです。

しかし新天地の沖縄でも宇井さんは健在でした。意気揚々と住民運動に係わられ度々マスコミにその姿もみるにつけ、自分も頑張らなければと励まされたものでした。

私の人生を決めることになる人物が、宇井さんとそして安川さんであったことは間違いないでしょう。お二人ともその生涯を住民運動のなかで生きてこられました。

いま宇井さんのＤＮＡを引き継いだ人物がいるでしょうか。これも宇井さんの心残りの一つではないでしょうか。ただ宇井さんの〝志〟は、出会った人たちに伝わって、今も生き残り、影響していることはたしかでしょう。合掌。

自主講座（運動）を語るキーワード

依田彦三郎
元東京大学工学部助手

自主講座（運動）に、その発足時から幕引きのときまで関わりつづけてきた者の一人として、それが正しく歴史に刻まれていくためのキーワードを記しておきたい。

自主講座（運動）に参画した多くの人達のそれぞれがさらに付け加えていけば、自主講座（運動）の歴史はさらに成熟したものになるだろう。期待したい。

自主講座（運動）、公害原論、東大工学部助手（会）、自主講座実行委員会、東大工学部大講堂、時計台前屋外講義、工学部八号館、教室使用許可申請書（証）、固有財産の有効利用、教壇、東大解放、総長室、学長代行、教授会、工学部スタッフ会議、工学部職員担当、主体性の確立、万年助手、単位認定権、成績評価権、論文審査権、学外者、講義録、テープ起こし、最終講義、臨職闘争……。

宇井さんが沖縄に転戦のあとの自主講座（運動）は、自主講座「設計論」「廃棄」をもって幕を閉じた。

講座で残されたままになっていた資料は、日本の公害の原点でありつづける足尾に運ばれて、活用を待ちつづけている。

私事ながら、リタイアした後の、市民向けの講演会では自主講座（運動）に参画した人達からときどき声をかけていただいている。

うれしいかぎりです。

公害に第三者はいない

最首 悟
和光大学名誉教授

いたたまれなさ、うしろめたさ、やましさ、その思いが少しずつ増していく状況がありました。一九六〇年の六月十五日とか、一九六二年の、大学から学生の自治を切り離す大学管理法案の頃まではまだよかったのです。そのときはこの安田講堂の上で茅誠司学長を一晩缶詰にしたといって、大学に来るなと言われました。けれども、六五年くらいになるとその思いが少し本格的になってくる。日韓会談、韓日条約。そこで日韓人民連帯ということをうたうのですが、いったいそんなことが可能なのか。

すでに六一年からベトナムで枯葉作戦が始まっています。四国全土を枯れつくすだけの枯葉剤が撒かれました。ベトナムの死者は三百万人で、負傷者は四百万人。米兵の死者は五万八千人。それが六五年ごろピークに達していきます。そのときベ平連ができ、私たちはベ反戦会議を大学の理工系を中心にして、山本義隆たちとつくったのです。もうその辺はやましさがだいぶ染み通ってきている。これが東大闘争の相当大きなバックグラウンドです。太平洋戦争の責任と、朝鮮戦争からベトナム戦争へ、沖縄を犠牲にして日本は繁栄をうたう。

そして七〇年を過ぎますと、にっちもさっちもいかなくなってきます。これは七十年代半ばに書いたものですが、「もはや未来に向かって流れようのない時間を、もたされた人たちがいる。いくらお金を積まれても、未来は買えるわけではないでしょうという水俣病に罹らされた人たちがいる。私たちが持ったのは堂々巡りの時間、右往左往の時間というべきもの」。私の入り込んだ世界は、例えばその当時深く沁みこんだ二人の言葉で言い表すと、一つは高橋和巳の言う抑圧体系の下にある世界、一つは宇井純の言う原理が貫徹する世界です。高橋和巳については省略しますが、大学と官僚と資本の三本柱が抑圧体系を構成するというのは、大学にいるものとしてはどうにもまぬがれられない突きつけでした。宇井純の世界とは、彼の公害への住民運動の第二原理を指します。ニュアンスを少し強めて言うと、公害には第三者はいない

――いるのは加害者と被害者である――第三者を名乗る者は必ず加害者である。そして公害を差別と読みかえると、より根底的な原理になります。差別には第三者はいない――いるのは差別者と被差別者である――第三者を名乗るのは必ず差別者である。

私たちがこのようなことを突きつけられてすぐに言うのは、「私がいったい何をしたというんです。私はむしろあなたがたに同情して」。自分でもそういう気持ちはいくらだってもっているわけです。

この宇井純の言葉というのはどうしようもないです。私たちは加害的なものとして自己否定的に振る舞う。少なくともまず自分の属する組織の内部告発、そしてそれはすぐに自分の内部の告発になりましょう。加害者、共犯者、差別者、そして自己否定というのはどう身を処すものであるか、というような中に投げ込まれた。加害的被害者、被害的加害者。これはついに宇井純が直接指摘した公害の、拡張型としての放射能、電波、地球温暖化、そしてそもそもは多重化学物質相乗汚染症という、科学の現状ではどうしても取り組めない生き物の不調があります。おそらくこの加害的被害者、被害的加害者というのは、一国を越えて、南北を越えて、地球的なものになっていきます。アーシスト（地球人）と簡単に言いますが、大変な状況です。

その意識、宇井純の言う第三者はいないという意識がほとんど罪意識のようにすべての人にいきわたる。それはいつだろうか。普通に暮らしていて、しかもあっちこっち色々と体の不調、心の不調を感じる。そこに罪意識がダブるだろうか。アダムとイブが知恵の実を食べて以来の罪意識の変容がここにある。そして私たちはすべて、そこから脱却しなければ未来はないだろうという時代に生きています。

しかし、そんなに簡単にものは言えない。最終的なメッセージは石牟礼道子からすでに発せられています。「祈るべき天と思えど、天の病む」。

四大宗教を超えた普遍的な宗教を一方で目指しながらも、この言葉の前に私たちはどうしたらよいのだろうか。やはり人を、そして生き物を日々の暮らしの中でいつくしむ。そこからしか始まらないのではないか。

とは思うのですけれども、いつくしむとは何か、ということでまた堂々巡りがはじまる。そしてこの堂々巡りを避けてはならないというふうに思います。

【二〇〇七年六月二十三日　自主講座「宇井純を学ぶ」の発言より】

宇井さんを思う

小林和彦
東京大学大学院農学生命科学研究科教授

私が自主講座実行委員会に参加したのは、一九七三年頃からわずか三年間ほどだが、その間に宇井さんと仲間の「大人」たちから、実に多くのことを学んだ。それから三十年。私は宇井さんが強く批判した東京大学の教員になり、宇井さんの言ったこと、やったことが蘇ってきた。だから、宇井さんは私にとって昔懐かしい人ではなく、未だに気になる人である。そのことを書きたいと思う。

私の心の中にいる宇井さんは、辛辣でエネルギッシュである。あの頃、実行委員をした者は皆、宇井さんに辛辣な言葉を浴びせられた。辛辣なだけでなく、的確だったから余計に応えた。

今、宇井さんと同じようなことを学生に言ったら、たぶんパワーハラスメントである。学生に意見を言うにも、気を遣う。学生がその頃と違うように思うし、だいいち私自身に宇井さんほどのエネルギーが無い。だから、大学教員として、私は宇井さんと同じようにはできない。ただ、宇井さんが研究者（あるいは技術者）としてやろうとしたこと、学生たちに伝えようとしたことは何だったのかを、専門は違うが考えている。

私が宇井さんに惹きつけられたのは、権威や時流や、まして党派にとらわれない自由な思考と大胆な発言だった。しかも、現場の観察と鋭い洞察に裏付けられているから、よく分かるし面白い。これは私だけでなく、他の人たちも同じだったと思う。公害問題が続発して、何かを基本的に変えなくちゃいけないのに、できあいの枠内で考えたり言ったりする人が多い中で、宇井さんは事実をズイと切り割って、問題はこれだと突きつけてくれた。自分の正しさにこだわるのでなく、事実に体ごと迫ろうとする、そのことに惹きつけられた。

実行委員会に入れてもらうと、宇井さんの舞台裏も見えて、少ししらけた。それでも、宇井さんと同年輩の大人たちに相手になってもらったり、自分と同じ年頃の若者たちと、宇井さんの地方公演（講演だったが、気分は公演）について行ったりした。大学に入って、さてどちらに進むか頭がもやもやしていたものだが、宇井さんのいう「現場」では体を動かすので精一杯。宇井さんにどやされ、漁師の兄さんには励まされ、もやもやなどと言っていられない。それぞれの現場で、実に多様な経歴を生きてきた人たちが、自分の正しいと思うことを、体を張って社会に向けて表出する。そのことに感動した。

今でも、もやもやは一向に晴れないが、宇井さんやあの人たちが私の心の重心にいてくれる。それで、もやもやがあっても、余り心配しなくて済む。まあ、年をとってずうずうしくなり、気にしなくなっただけかもしれないが。

フィールドワーク・歴史・適正技術

宮内泰介
北海道大学准教授
さっぽろ自由学校「遊」

私は、一九八〇年に東京大学に入学したとき、宇井さんが開いていた駒場自主講座を受講しはじめた。思い返すと、そこからいろいろなことが始まった。そして一九八四年ごろから一九九二年まで、反公害輸出通報センター（途中で反核パシフィックセンター東京と改称）という市民運動グループの活動に加わった。このグループは、宇井さんの自主講座から派生した数多くのグループの一つだった。私は二十代の多くをこのグループで過ごしたので、宇井さんの間接的な影響を長く受けてきたことになる。しかし、宇井さんは、私にとって決してわかりやすい存在ではなかった。わかりにくいが、しかし、圧倒的にすごいと思わせる存在だった。

そのことの意味をもう少し考えたくて、最近改めて宇井さんの書いたものを古いものから集めてみて、読んでみた。

驚いた。私たちが、環境と社会とのかかわりについて、あるいは調査研究のあり方について、現在さまざまに議論していることを、宇井さんはすでに一九六〇年代から言っているのだった。公害反対運動の主導者としての側面が社会的にクローズアップされ、私たちは他の宇井さんの側面を見落としてきているのではないか。そう思った。

一貫して自身を「技術者」と規定してきた宇井さんだが、しかしその「技術」が公害を生み、水俣病患者を生んでいる現実を前に、近代科学技術批判をせざるをえなくなる。「技術者」を自認する宇井さんとすればそれは抜け道がなくなるように思えるが、そこで宇井さんは、一見迂回路に見える「フィールドワーク」の手法をとることになる。それが宇井さんの一九六〇年代の水俣調査であり、『公害の政治学』を生んだ。

そこからさらに、歴史を重視するという姿勢も生まれた。とくに足尾、荒田川、日立鉱山という明治・大正期の公害とそれを克服すべく取り組んだ住民たちの営み、さらには同時代の公害反対運動から芽生えた住民自身による調査学習活動から宇井さんは学んだ。そして、そこにこそ新しい科学、新しい技術の可能性があると考えた。定量的な分析を旨とする近代科学技術へ、公害の現場から疑問を投げかけた宇井さんは、六〇年代末にヨーロッパで学んだ汚水処理技術もあいまって、一九七〇年代に「住民が作る科学」「住民運動が作る適正技術」という主張と実践を始める。

私たちは現在、環境問題その他の社会的な問題について、市民・住民自身が調査すること（市民調査）を重視し、それをエンカレッジするしくみ作りを考えている。その点でも偉大な先駆者であった宇井さんから学ぶべきこと、まだまだ学び切れていないことは、たくさんある、と感じている。

〝現場を重視し、問題解決を重視し、さまざまな方法論を組み合わせた、市民・住民主体の適正学問〟が私たちの目指すべき方向だとすれば、宇井さんの足跡から学ぶべきことはたくさんある。

宇井さんが一九六〇年代に行った水俣調査の意味も私たちはまだ十分には消化しきれていないのではないか。宇井さんが一九六〇年代から始めた栃木の川の水質調査もまだ十分に検証しきれていないのではないか。宇井さんによるフィールドワークの意味、宇井さんが歴史を重視した意味、宇井さんが「住民が作る科学」「適正技術」を主張したことの意味を私たちは、もう少し考えつづける必要がある。

【出典　二〇〇七年六月二十三日　自主講座「宇井純を学ぶ」冊子】

本当の「公益」の在り処を探る

金森 修
東京大学大学院教授

宇井さんが自主講座公害原論を開いていた頃に比べると、公害から地球環境問題へと、議論が構築される場の構造はかなり変わった。特にこの一年ばかり、ＩＰＣＣ（Intergovernmental Panel on Climate Change）などの活動が政治的重要性を帯びてきており、いよいよ人類規模で、環境保全と種の存続を重要な社会的目標として掲げざるを得ないような状況にある。ただ、その一方で、特にここ数年の我が国での論調を見ていると、環境ホルモンやダイオキシンなどの毒性についての、まさに宇井さんがかつて述べていたような「中和作用」に近い動きがあるというのも周知の通りだ。確かに、環境問題ほどに複雑きわまりない問題の場合、ある特定の物質が有害かそうでもないかについて確実な判断を下そうと思えば、素人が想像する以上に大変なことなのかもしれない。だが、その事実を考慮に入れても、中和作用を行っている論者たちの議論は、それほど真摯な科学性の規範に即して作られたものというよりは、われわれの産業社会が否応なく抱えた利益関心との調整の中で作られた議論だという印象をもつのは、私だけではあるまい。「小さく間接的な死」、あるいは「未決で未来の損害」というようなものに気を遣っていられるほど、産業社会は悠長ではない、とでもいうかのようである。確かに、産業社会の順調な進展が社会一般に「おこぼれ」を流し、そのおかげで多くの人間の生活水準が上がっているというのは否定しにくい。だが、そうはいっても、産業社会の論理だけでは保護できない多くの社会層があること、そしてただ普通に生きていこうとしているだけのそれらの人々にも、小さく間接的な死は日々降り注いでいることに産業社会のプロモーターたちも少しは配慮してもらいたいと考えている人は、いないわけではないのだ。

現状でさえこの通り、事態はそう簡単ではないものなのだから、すでに七〇年代頃からほぼ一貫して、産業社会の論理からは一歩引いたスタンスを取ろうとしてきた宇井さんが、どれほど大きな社会的、心理的、経済的負担を抱えて生きていかざるを得なかったのか、それは、私のような人間には十分に想像さえできない。宇井さんがかつて産業社会的な権力の象徴として掲げ、「憎悪にちかい感情」さえもったと書いた東大の場で、彼の業績を称えるこのような場が開かれることに、心からの喜びを表明したい。もっともこれは「隔世の感」の表明ではない。それどころではなく、宇井さんがすでに問題にしていたような構造は、本質的にはいまもあまり変わらないまま続いているのだということを、われわれは改めて認識すべきだ。宇井さんの魂の在り処を見据え、できればその一部をでも引き継ごうと努力しながら、われわれは生きていくべきだろう。そして、本当の意味での「公益」はどこにあるのかを熟慮する際のきわめて貴重な資料が、この先達のお仕事の中にはそのまま露わになっているということを今一度、確認すべきではないだろうか。

【出典　二〇〇七年六月二十三日　自主講座「宇井純を学ぶ」冊子】

知識人の責任

佐藤 仁
東京大学大学院新領域創成科学研究科准教授

私が授業で学生に読ませる課題文献の一つに、宇井純「公害における知の効用」（栗原彬、小森陽一、佐藤学編『言説：切り裂く』東京大学出版会、二〇〇〇年）がある。この文献を読ませるのは、東京大学の学生たちに、外部から世界を覗く単なる傍観者としてではなく、社会に積極的に働きかける当事者としての自覚を促したいからである。というと聞こえが良いが実際には学生への教育というより、私自身が研究者としての生き方を折に触れて確認する座標軸として利用していると言った方が正しい。

この論文には宇井が各所で展開した議論が短く凝縮されている。まず、公害における起承転結論が展開される。公害が発覚（起）し、その原因がわかりそうになる（承）と「本当の原因は別にある」という「中立な第三者」が現れ（転）、それによって真の原因が迷宮入りし、問題そのものが忘れられてしまう（結）というストーリーである。この論文では、このストーリー展開を下支えしているのが「中立」を装う研究者であることが暴かれ、「加害者の手先」である彼らに容赦ない批判が浴びせられる。

私にとって印象的なのは、研究者が企業から研究資金をもらって加害者の側についてしまうという、ある意味「わかりやすい」側面ではない。外部者が「知らず知らず」加害者の側についてしまうという構造的な側面である。宇井は、被害者による公害認識が「全身的、総合的」であるのに対して、発生源に対する外部者の認識は汚染物質の濃度や被害者の数といった「数字で表現できる部分的なもの」にとどまると主張する。このように認識の次元が本質的に異なる中で、「公平な第三者」が双方の言い分を均等に聞こうとすれば、（部分＋全体）÷２となり、結果は必然的に加害者側の視点に立つことになるというわけである。

問題認識そのものを被害者の視点から出発させなくてはいけない理由がここにある。そもそも、公害の度合いを測るという時点で高度な機器が必要になる場合、「データ」はそうした機器を用いることのできる人々に独占される。ここで、宇井は被害者の中にプラスチックの専門家が紛れ込んでいたおかげで問題認識に至った「杉並病」の例を挙げ、住民の中にいるさまざまな専門家が力を合わせると、行政や企業による知の独占を打ち破る力をもちうる点に目をつけた。この視角は、途上国への開発援助という文脈で仕事をしている私に重要な示唆をもつ。

知識を売りにする研究者にとって、一般の人々の認識を優先することは容易ではない。しかし、「問題」に総合的に接近しようとすれば、問題に直面する当事者の声に耳を傾けていく態度が必要になる。この態度は、「論文生産」という研究者の動機付けと対立する場面も出てくるだろう。ここでサイードの『知識人とは何か』（平凡社ライブラリー）を思い出さずにはいられない。サイードの言う「知識人」とは、「権力に対して常に異議申し立てをし、進んでリスクを負う知的亡命者」である。まさに宇井純の生き方ではなかったか。重要な場面で知識人たる振る舞いができるのかどうか、私は宇井の論文を読みながら自分の果たすべき責任について自問し、悩むのである。

【出典　二〇〇七年六月二十三日　自主講座「宇井純を学ぶ」冊子】

私にとっての宇井さん

「市民の学問」論、「学者の運動」論

菅 豊
東京大学東洋文化研究所

民俗学を専門とする私は、公害問題の研究者ではないが、宇井さんの研究、あるいは実践スタンスには、共鳴するところが多い。私が宇井さんの仕事から多くを学んだのは、「市民の学問」論と「学者の運動」論に関してである。宇井さん自身は、故・高木仁三郎さんとともに「市民の科学」という言葉を使っておられたようであるが、「科学者」と自認することがいささか困難な人文系の私としては、広く「市民の学問」と読み直している。

私が寄って立つ民俗学という「学問」は、柳田国男によって提唱された「市民の学問」である（あったはずである）。その「学問」の初発には「学問救世」とか、「私たちは学問が実用の

僕《しもべ》となることを恥としていない」、「なぜに農民は貧なりや」といった経世済民を示すスローガンが述べ立てられた。この文言は、柳田民俗学が現実社会へ寄与する実践的学問であることを示す証左として、多くの民俗学者によって頻繁に引用され、信じられてきたが、その実、ほとんどの民俗学者がこれらの言葉を忘れ、古風穿鑿の学問に民俗学を堕としてしまった。そして、いまでは無自覚、無批判に文化政策に関わる無邪気な「御用学者」も、生み出してしまっている。

また、民俗学は、その初発においてアカデミズムからは低く見られる、いわゆる「アマチュアの市民」を有力な担い手として含み込んでいた。たとえば、壱岐の民俗学徒・山口麻太郎のように、郵便局の職員を務めながら民俗学理論に大きな足跡を残した人物もいた。ところが、民俗学は、そのような人びとを排除する制度化を推し進めることにより、浮き世離れした学問でありつつも、いまではアカデミズムの隅っこを、どうにか占めてしまっている。

もちろん「アマチュアの市民」は、いまでも少なからず関与しているが、彼らとて、自分たちの生活から起ち上がってくる生々しい眼前の問題からは目をそらし、「学問ごっこ」を楽しんでいるに過ぎない。その点で、民俗学における「学者」と「アマチュアの市民」は、共犯関係にある。

いま、私は宇井さんの残した仕事から、「市民」が学問を行い、そして、「学者」が運動を行うという、民俗学がかなえることのできなかった初発の精神を学んでいる。他の学問でもPublic SociologyやPublic Archeologyといった、いままで予期しなかったような方向性が生起しつつある。宇井さんの仕事は、その意味で、現在、さらにその価値を高めつつあるといえる。

【出典　二〇〇七年六月二十三日　自主講座「宇井純を学ぶ」冊子】

公害の追及

敢然と反公害の戦い
宇井純さんを悼む

柴田徳衛
東京経済大学名誉教授
元東京都公害研究所長

宇井純さんをめぐり、かつて一つの噂が流れました――東京大学には二人の総長がいる。昼の総長に対し、自主講座「公害原論」を主催する宇井さんが夜の総長で、昼の肩書きは万年助手だが、夜ともなればその威力は昼の総長よりも強く、大物教授や財界人も恐れる――というものでした。

この経緯をさかのぼると、宇井さんは一九五六年に東大の応用化学科を卒業され、一時は化学の民間会社に入り、そこで現場の工場の汚染物質をめぐる裏表をつぶさに学んだようです。そこから東大都市工学科の助手に戻られ、新たに登場した前例無き水俣病の深刻な実態に接し、先の経験を十二分に活かし、水俣病を告発する会の自主出版『水俣病』を刊行しました。著者名は「富田八郎」でしたが、それは「トンダ・ヤロウ」と読むのでした。

そのトンダ・ヤロウが七〇年から八五年にかけて自主講座「公害原論」を開き、「昼の万年助手」が「夜の東大総長」となったわけです。

七一年夏に岩波書店季刊の『環境と公害』（当時は「公害研究」）が出され、現在その編集代表を務める原田正純氏（水俣病研究の第一人者、熊本学園大教授）や宮本憲一氏（大阪市立大名誉教授）らが「カナダの先住民地区における水銀汚染」の研究を進めていたので、宇井さんもそれに加わり、同時に上記研究誌に次々と宇井理論や主張を展開しました。

その鋭い一端を紹介すると――。

「公害では専門家が出てきたら気をつけろ。まったく新しい社会と自然の複合的な現象として現れてきた公害を、既成の専門家が出来合いの尺度を持ってあてはめる時、その尺度から必ずはみ出す部分がある。そのはみ出しこそ大事なのに、自称専門家はそのはみ出しを切り捨ててしまう。必然的に事件の過小評価や否定に流れてしまう。……医学者は自分が直面した被害から出発するのでなく、行政と政治の都合に合わせた認定の尺度を作り、それに法学者が権威をつける過程が暴露されている。そういう作業に参加する『学者』たちに、被害者の苦しみを思っての良心の疼きはないのだろうか」(二〇〇五年春号)

さらに宇井さんが専門とする下水道問題のシンポジウムを紙上で紹介した「下水道技術の歪曲と浪費について」(〇一年秋号)では、歯に衣着せぬ発言がぽんぽん飛び出した。

「下水道事業団が酸化溝の技術効果報告書をまとめたが……建設省や東大などのありもしない権威を振り回しているものでしかなく、彼たちが支持し評価している技術そのものが浪費の塊のような代物で……一例をあげれば石垣島の川平に作った日量五百立方メートルの処理場は七億円かかったそうだが、私の見るところ一億円もあれば足りる」といった内容。その会場での参加者の質問に対しては、軽井沢の建設例を挙げ、あまりに高い総工費の具体的な経費の内訳が、いかに無駄であるかを詳しく説明しています。

こうして既成の権威ある大教授が「それは教科書にない」と言い、偉いお役人が「前例にない」からないことにしようと切り捨てるのに対し、宇井さんは「現実を見よ」と敢然と立ち向かいました。

いま公害問題は地球温暖化などを含め「環境問題」へと広がり、研究者の数も若い層を中心

好評既刊

亜紀書房翻訳ノンフィクション・シリーズ Ⅰ-10
英国一家、日本を食べる
マイケル・ブース 著　寺西のぶ子 訳
英国紙ガーディアン絶賛！日本の食の現場を「食いしん坊」と「ジャーナリスト」の眼で探し、見つめ、食べまくったイギリス人による異色の食紀行！
1,900円＋税

亜紀書房翻訳ノンフィクション・シリーズ Ⅰ-13
英国一家、ますます日本を食べる
マイケル・ブース 著　寺西のぶ子 訳
前作では収録しきれなかった原著に加え、本書だけの特別追加原稿および日本人読者に向けた書き下ろしエピローグを収録した続編が一冊の本に。あなたにとって〝和食〟とは？
1,500円＋税

コミック版
英国一家、日本を食べるEAST
マイケル・ブース 原作　落合マハル 作画
パリ料理修業時代の友人から渡された辻静夫の名著に導かれ、遠くロンドンから「日本を食べに」やってきたブース一家。原作に描かれた《東日本》での旅のようすを大胆に漫画化！
925円＋税

コミック版
英国一家、日本を食べるWEST
マイケル・ブース 原作　落合マハル 作画
ベストセラー、コミック化の第二弾！今度はいざ西日本へ！京都の生麩や会席料理、大阪が誇る庶民の味などなど各地名産物に舌鼓！抱腹御礼の旅、これにて完結！
925円＋税

意識はいつ生まれるのか
脳の謎に挑む総合情報理論
ジュリオ・トノーニ／マルチェッロ・マッスィミーニ 著　花本知子 訳
脳は意識を生み出すが、コンピューターは意識を生み出さない。では両者の違いはどこにあるのか。わくわくするエピソード満載でわかりやすく語られる脳科学の最先端！
2,200円＋税

ニューヨークで考え中
近藤聡乃 著
アーティスト・近藤聡乃は、２００８年の秋に単身ニューヨークへわたり、初の海外一人暮らしをスタート。いずれ忘れてしまうふとした日々のあれこれを描きます。
1,000円＋税

不思議の国のアリス
ルイス・キャロル 著　高山宏 訳　佐々木マキ 画
原書刊行150周年記念出版！高山宏の完全新訳と佐々木マキの描き下ろしイラスト約50枚で贈る、日本語版『不思議の国のアリス』の決定版!!
1,600円＋税

ケアのカリスマたち
看取りを支えるプロフェッショナル
上野千鶴子 著
在宅看取りのノウハウからコストまで。上野千鶴子が日本の在宅介護・看護・医療のフロントランナー11人に大胆に切り込んだ対談集。
1,600円＋税

亜紀書房翻訳ノンフィクション・シリーズ Ⅰ-16
帰還兵はなぜ自殺するのか
デイヴィッド・フィンケル 著　古屋美登里 訳
戦争で何があったのか、なにがそうさせたのか。ピュリツァー賞作家が「戦争
2,300円＋税

好評既刊

中国と日本 批判の刃を己に

張承志 著　梅村坦 監訳　四六判／416P

国家を超えて人として手を組むことができないのか。愚かなナショナリズムにどう向き合えばいいのか。中国人作家による注目の日本論／日中関係論。 2,400円＋税

亜紀書房翻訳ノンフィクション・シリーズ II-4

人質460日 なぜ生きることを諦めなかったのか

アマンダ・リンドハウト／サラ・コーベット 著　鈴木彩織 訳　四六判／486P

紛争・戦時下にある女性がこうむる暴力から目をそらさずに語られる、拉致事件の真相。極限状況に屈しなかった勇気の女性ジャーナリストによる、魂をゆさぶる衝撃の告白！ 2,700円＋税

黄金町マリア 横浜黄金町路上の娼婦たち

八木澤高明 著　四六判／306P

かつて横浜黄金町を怪しく彩ったタイ、コロンビア、チリなどをはじめとした外国人娼婦たちの生々しい姿。夜ごと春をひさぐ彼女たちを引き寄せた色街黄金町の磁力とは。 2,200円＋税

如是我聞2 私が言い続けてきたこと

奥谷禮子 著　四六判／310P

一企業が23年間出し続けてきたフリーペーパー。その10年目以降の全単文時評492篇と対談（72回）のセレクション。目からウロコの時評集成、読みごたえあり！ 1,700円＋税

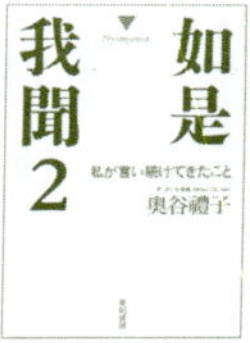

亜紀書房翻訳ノンフィクション・シリーズ II-3

殺人鬼ゾディアック 犯罪史上最悪の猟奇事件、その隠された真実

ゲーリー・L・スチュワート/スーザン・ムスタファ 著　高月園子 訳　四六判／428P

1960年代末に全米を震え上がらせた正体不明の猟奇殺人犯“ゾディアック”。あらゆる捜査をかいくぐり、迷宮入りした殺人事件の“真相”がついに明らかに!? 平山夢明氏推薦!! 2,700円＋税

住んでみてわかる常識集

在米1年の著者だから書ける 生活に必須な知恵のあれこれ など
「家の賃貸契約書は隅々まで確認する」「スーパーマーケットの買い物はデビッドカードで」

これが沖縄の生きる道

仲村清司／宮台真司 著　1,500円＋税

沖縄から「民主主義」の条件をラディカルに問い直し、自立への実践計画を提示する。沖縄人2世の作家と行動する社会学者によるタブーなき思考の挑発！

マルクスとともに資本主義の終わりを考える

的場昭弘 著　1,800円＋税

成長と利潤確保を義務付けられた資本主義の末路―『マルクスならこう考える』から10年、この間の決定的変化をマルクスに沿って捉え直す。

「つながり格差」が学力格差を生む

志水宏吉 著　1,600円＋税

なぜ秋田・福井が全国学力テストのトップクラスになったのか？ 学力格差は貧富の格差ではなく、子どもたちの「つながり」格差だった！

水島シェフのロジカルクッキング
1カ月でプロ級の腕になる31の成功法則

水島弘史 著　1,200円＋税

料理の革新！ 塩加減・火加減・毒出しで成功率99パーセント！ 全31レシピのクラウド動画付。

実験マニア

山田暢司 著　1,300円＋税

身近な材料で簡単にできる化学実験がまさか、こんなにもたくさんあるとは！小学生から大人までが楽しめる、あっと驚くとても不思議な30の化学実験。

歩きたくなるHawaii
ハワイの自然と歴史をいっそう楽しむ散歩コース

近藤純夫 著　1,600円＋税

ハワイについては全てを知り尽くしている著者が、いままでのガイドブックでは紹介されていなかったハワイの魅力的な散歩コースを公開する。ハワイ旅行、中級・上級・マニア向けの一冊。

新訳 **被抑圧者のための教育学**

パウロ・フレイレ 著　三砂ちづる 訳　2,500円＋税

1979年以来、版を重ねること13版。常に新しい読者を獲得してきた名著が読みやすい新訳で生き返る！文化の解放から新しい政治を展望する教育思想。

小泉武夫のミラクル食文化論

小泉武夫 著　1,600円＋税

人類は「食」を「文化」にまで高めて生きのびてきた！東京農業大学での最終講義「食文化論」を完全収録。自他共に認める食と発酵のスペシャリストの最後の大著！

フィンランドは教師の育て方がすごい

福田誠治 著　1,500円＋税

教師が専門職として人気も倍率も高く、国民に尊敬される国。PISA（学習到達度調査）でつねにトップクラスの国。「揺るがぬ教育理念」と「徹底した実践主義」を検証。

自費出版のご案内

長年の出版の経験を生かし、亜紀書房があなたの本づくりをお手伝いします。

お問い合わせ↓自費出版事業部　〒113-0021　文京区本駒込3-9-3　トライビル

亜紀書房 翻訳ノンフィクション・シリーズ

第Ⅱ期既刊7点

兵士は戦場で何を見たのか
デイヴィッド・フィンケル 著　古屋美登里 訳　2,300円+税　四六判/412P

人はなぜ裏切りに目をつぶるのか　心の奥では知っているのに自分をだます理由
ジェニファー・フレイド/パメラ・ビレル 著　定延由紀 訳　2,200円+税　四六判/332P

13歳のホロコースト　少女が見たアウシュヴィッツ
エヴァ・スローニム 著　那波かおり 訳　2,300円+税　四六判/236P

人質460日　なぜ生きることを諦めなかったのか
アマンダ・リンドハウト、サラ・コーベット 著　鈴木彩織 訳　2,700円+税　四六判/486P

殺人鬼ゾディアック　犯罪史上最悪の猟奇事件、その隠された真実
ゲーリー・L・スチュワート/スーザン・ムスタファ 著　高月園子 訳　2,700円+税　四六判/428P

ハイジャック犯は空の彼方に何を夢見たのか
ブレンダン・I・コーナー 著　高月園子 訳　2,500円+税　四六判／376P

愛のための100の名前　脳卒中の夫に奇跡の回復をさせた記録
ダイアン・アッカーマン 著　西川美樹 訳　2,500円+税　四六判／416P

▶ 亜紀書房 翻訳ノンフィクション・シリーズ　第Ⅰ期完結 ◀

帰還兵はなぜ自殺するのか	2,300円+税
ハリウッド・スターはなぜこの宗教にはまるのか	2,200円+税
不正選挙　電子投票とマネー合戦がアメリカを破壊する	2,400円+税
英国一家、ますます日本を食べる	1,500円+税
それでも、私は憎まない　あるガザの医師が払った平和への代償	1,900円+税
独裁者のためのハンドブック	2,000円+税
英国一家、日本を食べる	1,900円+税
悪いヤツを弁護する	2,300円+税
キレイならいいのか　ビューティ・バイアス	2,300円+税
災害ユートピア　なぜそのとき特別な共同体が立ち上がるのか	2,500円+税
哲学する赤ちゃん	2,500円+税
アフガン、たった一人の生還	2,500円+税
ユダヤ人を救った動物園　ヤンとアントニーナの物語	2,500円+税
イギリスを泳ぎまくる	2,500円+税
アーミッシュの赦し　なぜ彼らはすぐに犯人とその家族を赦したのか	2,500円+税
ニュース・ジャンキー　コカイン中毒よりもっとひどいスクープ中毒	2,200円+税

に大きく増えています。これは大変結構と思いますが、とかく紙上のモデルづくりに終わり、宇井さんのように地獄の現実に一人飛び込み「おかしいぞ」と既存の勢力と戦う空気が薄れている気がします。「環境研究が栄え、環境自身は悪化する」では困ります。アスベストのように原因から三十年、四十年かけて取り返しのつかぬ結果が出るような〝新型〟が次々と現れています。

宇井純さんが一生をかけて戦った努力の跡を偲び、新しく現れる環境破壊の現実に飛び込んで解決の戦いを進めること、これが宇井さんの霊を慰める最大の道と思われます。宇井純さんの霊に改めて敬意を表する次第です。

【出典　東京新聞二〇〇六年十一月三十日付夕刊】

専門家として、人としての宇井先生から学ぶ

淡路剛久
早稲田大学大学院客員教授

私が、宇井純先生——本日は、宇井さんと呼ばせていただいた方がよいようですので、そうさせていただきますが——宇井さんに初めてお目にかかったのは、一九六五年のことでした。それから四十年あまり、時に近いところで、時に遠いところで、お付き合いをいただき、なにかとご教示を受けて参りました。

実は、私と宇井さんとは年齢が十歳違いますが、宇井さんが日本ゼオン勤務から東大の大学院に戻られたのが一九六〇年で——それは私が東大に入学した年でしたが——、一九六五年に工学部都市工学科の助手になられ、そのときに初めてお目にかかりました。私は、一九六四

年に法学部助手となり、一九六五年に加藤一郎先生を代表とする文部省の科学研究費による公害研究会が発足し、助手としてそこの事務局をつとめておりました。この研究会は法学だけでなく、公衆衛生など他の領域の研究者も参加されており、そこに宇井さんがオブザーバーとして参加されてこられたのです。もっとも、私が本郷に進学したとき、工学部に水俣病の写真が展示されていたことがあり、それを見てショックを受けたことを覚えておりますが、それは、宇井さんが富田八郎《とんだやろう》の名前で水俣に入り、水俣病の原因究明に研究者として人生をかけておられたときの最初の活動の一つで、直接お目にかかる二年ほど前に宇井さんの画期的な仕事を拝見していたわけです。

宇井さんは、公害という加害現象を、細分化された学問領域からアプローチし、その分解された一部だけを見て何事かを語るという方法論を鋭く批判してこられました。もっとも、当時は、水俣病の究明過程のいきさつに見られるとおり、学問の名を冠して特殊利益に奉仕しようとする研究者の活動が次々とあらわれ、学問の名に値しないこうした活動に対して、宇井さんは怒りをもって、公害の起承転結論を発表されていました。公害が発生し、対策のために原因究明がなされるが、それに対して必ず原因者や第三者と称する人々から多数の反論が提出され、正論と反論が中和して真実が分からなくさせられる、という公害の政治学です。

話は元に戻りますが、宇井さんは、一九六〇年代から七〇年代の公害法の生成期に私ども法律学の活動をも鋭く観察しておられました。後に、日本には、積み上げれば枕にするには高すぎるほど公害法があるが、一つ法律ができればそれだけ公害がひどくなると当時の公害立法を批判されましたが、六〇年代の公害法はそういう状況でした。宇井さんは、既存の縦割りで断片的な学問の方法論から公害にアプローチするのではなく、公害を解決するためにはどのような学問の方法論が必要か、いかにして個別から総合へ至るかという視点の重要性を私どもに常に投げかけておられたと思います。

一九七〇年五月、水俣病の一任派に対する救済案を検討するために厚生大臣が設置した水俣病処理委員会があっせん案を提示することになりましたが、一九五九年(昭和三十四年)のあの見舞金契約の再現をおそれた宇井さんは、多くの水俣病被害者の支援者とともに厚生省を囲んで座り込みを行いました。そうして、その委員会の案が最終的な解決案となったとき宇井さんは抗議のために厚生省の門を乗り越えて中に入り込み、逮捕されました。実は、私もその座り込みの中に参加していましたが、私は、宇井さんのこの抗議行動の中に研究者としてだけでなく、一人の人間として行動せざるを得ないという決意を見たように思いました。それからの宇井さんは、水専門の優れた公害研究者であるだけでなく、反公害運動のリーダーとしてめざましい活躍をされるようになりました。東大で助手に留め置かれることとなった活動の決断をご本人がいつされたかは分かりませんが、私はあの時ではなかったかと推測しております。それからの宇井さんは、真の反公害のリーダーとして大いなる活躍をされ、日本のみならず、世界の公害・環境政策に大きな影響を与えられたことは、よく知られているところであります。

しかし、人間とはおもしろい存在です。宇井さんにもウィーク・ポイントがありました。一九七五年、都留重人先生が代表される公害研究委員会が、東京新聞の支援を得て、宮本憲一先生を団長とする世界公害探検隊を組織し、アメリカ、ヨーロッパ、アジアと世界一周をする調査団を派遣しました。私は当時パリに留学中で現地参加をしましたが、ローマで宇井さんにしばらくぶりにお目にかかりました。そのときのことですが、みんなで飲んでいるときに宇井さんが弱気な声でこう述べられていました。「わがままを言わせてもらおうかなあ。自分の部屋は十…階だけど、この階に変えてもらえないかなあ……」。宇井さんは高所恐怖症だったのです。それにしても、みんなが飲んでいた部屋は、たしか四階か五階あたりだったと思います。

高所であることには変わりはなかったのですが。

その宇井さんがいまはもっとも高いところにある天国におられます。きっといまは高所にも慣れて、あの奥様やご家族を見られる優しいニコニコした表情で私どもを眼下に見ておられるのではないかと思います。

宇井先生、天国でやすらかにお過ごしください。

【出典　二〇〇七年六月二十三日　自主講座「宇井純を学ぶ」冊子】

宇井さんの紹介で私は広い世界に知られるようになった

中西準子
(独)産業技術総合研究所安全科学研究部門部門長

東大都市工学科への就職（一九六七年）

私は応用化学の大学院終了後、土木工学の出店のような都市工学科の助手になったが、この就職口をもってきたのは宇井さんである。

と言っても、それ以前に宇井さんを知っていたわけではない。大学院生の集まりで、ときどき発言するのを聞いたことがある程度であった。

たまたま、私の研究室（米田研）の助教授だった斎藤泰和さんが、宇井さんと仲が良く、当時都市工学科の助手だった宇井さんから、都市工学科に今いる別の助手が辞めるという情報を聞いて、斎藤助教授が私にどうかと話をもってきたのである。

宇井さんは、大学院は応用化学だったが、途中から土木工学の大学院に移り、そして都市工学科に移ってきていた。

宇井さんの代役として冨士、田子の浦へ（一九六九年頃か？）

私は公害問題についてはほとんど知らなかった。公害問題を知るきっかけは、宇井さんの代役からだった。

当時、田子の浦周辺の大気、水汚染はひどいものだった。そこで、宇井さんが講師の講演会が予定されていたが、急に体の具合が悪くなり出席できなくなった。代わりに私が行くことになったが、何も知らない、必死になって勉強し出かけた。

故甲田寿彦さんのお宅を訪ね、今井町の公民館に出かけた。二百人ほどが集まっていた。私の話は好評で、以後田子の浦に通うことになった。私は今でもパルプ排水を研究対象にしている。

「衛生工学者のための水質学」の執筆（一九六八〜一九七〇年）

宇井さんが構想を温めていた「衛生工学者のための水質学」の連載を数人で始めることになった。連載三回目として書いた私の文章を宇井さんが見て、「後は任せる」と言った。その後十三回まで連載を続けた（内六回単独執筆）。

私は、水質指標とは何か、指標によって汚染の姿が違って見えることを強調した。これが、水質学を過去に遡って勉強する機会になり、衛生工学の分野で私の名が知られるきっかけになった。

「浮間下水処理場批判」（一九七一年）の掲載

浮間下水処理場の調査結果を発表する場がなかった時、宇井さんが『公害研究』創刊号に私の原稿が掲載されるように動いてくれた（岡本雅美さん、故華山謙さんと共に）。

若い三人が『公害研究』の編集同人で、三人とも理系だったことが大きいと思う。文系の人であれば、これ、単に技術の問題でしょう、総合雑誌には向かないという判定になったと思う。

私と宇井さんは相当考えが違っていたと思うが、両方とも理系で、技術の中に社会構造が隠れていると考える点で一致していた。また、お互いに現場での調査や実験が重要という点でも一致していた。この時代としては、この考えはそう一般的ではなく、少数派だった。

宇井さんの紹介で、総合雑誌や論壇で仕事の機会が与えられ、名前が知られるようになった。

宇井さんの名前で有能な志ある学生が集まった

宇井さんの名前を知って有能で志のある学生が都市工学科にやってきた。そして、どちらかと言えば外で活躍することの多い宇井さんのところに行くのではなく、大学でこつこつと仕事をしている私の方に集まった。その学生達が私の研究室の研究を維持した。志と能力の点で世界一の学生達だった。

富田八郎著『水俣病』の衝撃

富田八郎著『水俣病』は、宇井さんが合化労連という労働組合の機関誌に連載していたものだが、その別刷りを読んで、私は全く新しい世界を知った。ひとつは、公害問題の構造とか背景だが、もう一つは宇井さんの調査の仕方（資料を徹底的に集める）と、それとは全然異なることだが、公害問題における原因究明の難しさだった。

当時「富田八郎」（とんだやろう、というひねり）のペンネームを使っていたのは、本名で書くことが怖かったからと宇井さん自身が言っている。それほど当時、公害問題を扱うことは覚悟のいる大変なことだった。

宇井さんは、当時の熊大医学部の研究報告を執拗に引用（と言うより、論文そのものを載せていたように思う――実は大事にしていた合冊本が盗まれてしまった。東大の私の研究室の書棚からなくなった）していた。こういう風に書いてもいいのだなとまず思った。

それを読んでいて、有機水銀説にたどりつくまでに、異なる物質を原因とする説の論文が数多く出たことを知った。今となっては、間違いと言えるのだろうが、その時は正しいと思われたことである。

例えば、マンガン説が出るとマンガンが正しいとされる論文がどっと出る、しかし、つぎに別の説が出るとまた、どっとその説を支持する論文が出る、間違いの説の論文を書きつつ博士号をとってゆく、原因究明の過程はこういうものか、私はひどく衝撃を受け、この難しさをしみじみ考えた。もし、自分がここにいたら、正しい原因究明に寄与できるだろうか？

後に、私は院生にこのことを題材にして問題を出したことがある。これこれこういう実験結果がある時、マンガン説が正しいと結論できるか？　自然科学論理学として考えてみなさいと。どういう回答があったかは覚えていないが、正義感とか、社会的な立場とは異なる次元の〝原因究明の科学〟があること、それなしには、正義感も成就できないということを痛切に感じた。

都市工学科での助手生活と人間宇井純の心の葛藤

宇井さんは万年助手と言われ、ご自分でも言っていたが、今計算してみると二十一年間助手だったようだ。本人も皆の前で「助手の方がいい」「これは勲章だ」と言うこともあったが、いつもいつもそのように割り切れていたわけではなく、「なぜ、あいつが教授で、俺が助手か」という怒りが、どろどろと宇井さんの体中を占領し、のたうち回らせるのをしばしば見てきた。

それを見て、宇井さんの悪口を言う人もいた。「そういうことを覚悟して自己主張を続けているのでしょう、覚悟がないならやめた方がいい」と言った若い教授もいた。「ふざけたこと言うな！」と言うしかなかった。

かつて、『都市の再生と下水道』（日本評論社、一九七九年）の中で、私はこう書いた。「研究者の社会で、無能という烙印ほど辛いものはない。『有能だけど不遇だ』などと言われているうちはまだよいが、不遇が続けば無能になる」。これを読んだ宇井さんが、「中西さん、どうしてこういうこと書けるの？　これって、俺の気持ちだよ」と言ったことがある。

苦しむ人間宇井純を私は助けることはできなかったが、少なくとも近くにいて、その苦しみが分かる存在であり続けた。

二人いたから生き残ることができた

宇井さんが沖縄大学に移る時、確か、私はこう言ったと思う。「二人いたから生き残れた。これから、私はどうなるだろう？」と。

宇井さんと私は、同じところにいて、公害問題に取り組み、時には協力してことに当たっていたが、考え方は随分違った。宇井さんは、どちらかと言うと社会や政治のことを問題にしたのに対し、私は自分の足下のことを自然科学的手法で見極めたいという考えだった。宇井さんは大学の外で活躍し、私はひたすら研究室にいた。

下水道や富士市の公害問題、それから派生した私のところで勉強する大学院生への進学妨害や就職妨害に関して、私が都市工学科教室と団体交渉をしている時に（『環境リスク学』十三〜十四頁）、宇井さんが大勢外部の方をつれて応援にきたこともある。

また、私は宇井さんの自主講座に講師として出席し（この時、娘をおぶって行ったので、皆驚いたそうです。自主講座は夜ですから、保育園に預けるわけにいかず、おぶって行ったのでした）、高知の生コン裁判（パルプ工場の排水口を生コンで塞いでしまった事件）や様々なことで応援をした。

別のことをしながら、場合場合で協力するという関係が続いた。

我々を支えた、本当の力は学生達だった

自主講座を開き続けたということが宇井さんの大きな業績の一つであることは、誰もが認めている（第一は水俣病）。大学の中に、解放区のようなものを作ったのだから、やはり革命で

ある。あれよあれよと言っている間に、大きな教室を占拠して自主講座が始まった。これが十五年も続いた。都市工学科の学生や院生の協力者は少なく、ほとんどが都市工学科以外、東大以外の人だった。

しかし、宇井さんがこういう活動ができたのは、都市工学科の学生、院生の別の意味での活動があったからだと私は思う。都市工学科が東大闘争の三拠点の一つになっていて、学生達によって占拠されていたこと、東大闘争が下火になっても運動が続き、都市工学科が事務局みたいになっていたこと、有名な山本義隆さんもここにいたことなどがある。そして、学生達の公害問題への関心が非常に高く、いくつもの調査活動が進んでいたことである。

直接に宇井さんの自主講座活動を支援しなくとも、同じような考えの活動がずっと続いたが故に、大学は宇井さんの自主講座を強権でつぶすということができなかったのである。自主講座と言えども、教室を借りるには教授の印鑑が必要だった、それを教授は捺し続けたのである。それは学生の力があったからである。

学生達の運動は一過性であると非難する人はいる。変わり身が早く、もう官僚じゃないかとかいう批判はしばしば聞いた。しかし、官僚と言っても悪いことばかりする訳でもない、公害問題に興味を持つことのなかった人より良いことをしているに違いない。

また、そうでなくともいい、少なくとも都市工にいる二〜三年の間、公害問題と戦うという姿勢があれば、一人が二年でも、毎年学生は入ってくるから、十年も二十年も続くことになる、それでいい。そういう力が、宇井さんの活動を支えた。もちろん、大学の外側の力は大きかったが、大学内での学生の力も無視できなかった。

大学闘争の時期

宇井さんの活動と東大闘争は切っても切れない関係にあるが、東大闘争の時期に宇井さんは日本にいなかった。ＷＨＯの上級研究員として欧州に行っていた（一九六八〜六九年）のである。帰国は、予定より遅れ一九七〇年になっていたように思う。

東大安田砦の攻防戦は、一九六九年の一月だったから、ちょうどこの時期、日本にいなかったわけである。ここで宇井さんが力を消耗しなかったことが、日本の公害問題の解決のためには良かったと思う。

沖縄大学に移って

その後、宇井さんは沖縄大学に移り、私も講義に行ったことがある。宇井さんが沖縄大学を辞める時に、都市工一期生の櫻井国俊さんが後を継ぎ、今は学長になっている。櫻井さんは、ともかく頭脳明晰で、東大闘争の時期もその指導者だったが、その後東大教授になり、しかし、突然東大教授の職を辞し、武蔵野市長選に出馬、その後宇井さんの後を継いだ。宇井さんにとっては、本当に嬉しいことだったろう。

宇井さんは、奥さんの紀子さんのことをしばしば自慢していた。紀子さんの家系は身分が高く、かつ、ご兄弟の地位も高いとかで、「野武士が貴族の娘を嫁にもらったようなものだ」と言っていた。また、紀子さんは透き通るような白さだったが、それも自慢の種で「顔の白さは七難隠す」と言うでしょうと、謙遜か自慢かわからぬことを言っていた。

私は、紀子さんにとても親切にして頂いた。東大で助教授になった時に、贈り物を頂いた。「女の方が活躍されているのが嬉しくて」とのメッセージがついていたが、もちろんそれだけでない温かい心遣いを感じた。

今年の夏、留守番電話に宇井さんの声が残っていた。その声には力がなく、かすれていて、その声を聞いているうちに涙があふれてどうしようもなかった。この声が最後になった。いまもその声が耳に残っている、それが切ない。

水俣病問題で言いたいことがあったであろう、解決に力を添えたかっただろう、「東京にもどってきたら、急に仕事が増えたんだ」とにこにこしていたのに、逝ってしまった。残念だ。もう、これしか言えない。宇井さん、ありがとう。

【出典 「中西準子のホームページ」http://homepage3.nifty.com/junko-nakanishi/index.html】

追悼記　先に逝った宇井純へ

西村　肇
東京大学名誉教授

宇井君、また君が先に行ってしまったな。君と僕は不思議なほど同じときに同じことを同じようにやってきたのだが、肝心なことになると君のほうが一、二年は早い。今度もそうではないかという気がする。そんな僕は君の追悼記を書く気にはならないのだが、数十年まったく同じ環境を生きて、至近距離で君を見てきたほとんど唯一人の人間として、われわれをとりまいた歴史について証言を残さなければと思っている。歴史といっても年代記ではなく、大きな歴史の前に人はなぜそう動いたか、まわりはどう感じ、何をしたか、社会と人間心理を至近で見た歴史だ。ところがこういう歴史が少ない。時代を共有しない人が時代と人を理解するのにはぜひ必要なのにだ。

これを強く感じたのは、毎日新聞に出た宇澤弘文氏の追悼文を見たときだ。彼の理想主義を結晶化した感動的な葬送の辞だが、「リベラルな社会を目指した倫理的、理知的、人間的巨人」という形容には、彼を近くで知る人は少なからず戸惑いを感ずると思う。でもすぐそれは、君を少し離れて見たときの姿として納得したと思う。人は近くで見た姿と遠くで見た姿とどちらが本当かわからないからだ。でも僕はそれで納得はしない。遠くで見た姿とは、君が日本中で有名になった四十歳以後の姿だが、君の希有の能力が発揮された最高の仕事は、それを知る人が周囲に数人しかいなかった三十歳台前半の仕事だからだ。

そこに居合わせたのが僕だ。二人は同じ年に理Ⅰに入っているが相知ることはなく、僕が化学工学の助手として一九六二年大学に戻ってから、大学院でポリマーの流動特性を調べていた君とよく一緒に勉強した。当時、研究者は小型試験機で特性を調べていたが、君は現場主義だから、大学に実際のスクリュー押出機を据えてこれでデータをとった。誰もやらないことだから、論文はすぐ米国の専門誌に受理された。大変なのは試料のポリマーだが、君はメーカーから不合格品ということで大量を無料で手に入れていた。

このころ、君は毎月一週間は学校に来なかった。聞くと、大阪や神戸の押出し加工業者の技術指導に行くという。これらの業者は極貧の小企業で、中国人、韓国人が多く、セールスマンさえ近づかなかったが、君は平気だから指導を頼まれて一〜二万円の謝礼をもらっていたようだ。三軒まわると四〜五万円だが、当時助手の僕の給料が二万円ちょっとだから、奥さんとの生活を支えて余りが出る。この余りで、毎月水俣に地方新聞（熊本日日）を集めに行くという。当時はコピー機がないから資料が表裏なら現物を二部買って台紙に貼り付けるしかなかった。注文しようにもファックスはなく、電話もほとんどなく、出向くしかなかった。

何をまとめているのか聞くと、水俣病の悲惨なことは話さず「悲劇あり、喜劇あり、とんでもねえ物語だ」とだけ言っていた。それが僕にはピンとこなかった。水俣病の問題は、一九五六年の公式発見以来、その原因について社会の関心をひいてきたが、一九五九年、有機水銀が原因とわかって一段落し、社会の関心をひかなくなっていた。社会の関心は、総資本と総労働の対決としての一九五九年の三池炭坑争議[※1]、一九六〇年の安保闘争に集中していた。地元水俣の関心さえ、一九六二年は三池争議の再来であるチッソの争議に集中しており、水俣病のことなど考える人はなかった。君が水俣を歩きまわっていたのはこんなときだった。

こうして一九六三年三月と十月の『技術史研究』に富田八郎《とんだやろう》の筆名で、「水俣病（一）、（二）」があらわれた。当時の印象は「ただ長い、どこが技術史研究か」ということだったと憶えている。当時の『技術史研究』は、タイプ印刷のサークル機関誌だったが、そこに突然百枚以上の原稿があらわれ、その内容が、技術とは縁のない病状、病名、医学論文の全文引用だったからだ。

しかし、その後自分で水俣病を本格的に研究しだして、己の不明を深く恥じた。ショックと共に感心した点が三つある。まず目次を見るとわかることだが、問題の全体像をおさえる君の知識のひろがりと構成力の見事さだ。つぎに、膨大な医学論文、化学論文を精密に検討した上で引用し、適確な評価を下す君の理解力と判断力だ。最後に、地道に誠実な努力をした研究者に対する人間的な共感と尊敬の素直な表現だ。研究者のあるべき姿を示したつぎの言葉は印象的だ。

「この小文（武内の論文）を読む諸氏が、筆者（宇井）と同様に、一つ一つの研究結果を検定して自分の結論を出していただきたいと考えるからである。それだけの手数を省いた手軽な結論を求める態度は科学とは無縁のものであろう。更に比較的因果関係の単純であった水俣病の場合でさえ、公害の原因追求はどれだけ困難なものであったか、今後はどれ程のエネルギーを要するかについて考えてほしい」

このときの君の態度こそは、まさに宇澤氏のいう「理知的、人間的」なものだった。しかしこの態度は一九六八年の『公害の政治学』ではすこぶる弱くなり、WHOから帰ってきて東大で公開自主講座の『公害原論』を始めると完全に消えてしまい、ついに戻ることはなかった。なぜなのだ。

でもここまでなら君と僕の近さの本質を語ったことにならない。また、当時の社会心理を語ったことにならない。それらを語る上で大事な点は、二人とも生粋の左翼だということだ。当時、左翼とは、利己主義を否定し民衆のために尽くすという意味で、能力を自覚している人間にとって、絶対の倫理的要請だった。勉強も進学も研究も自分のためではなかった。新しい世界を実現するためだった。こう思ったとき、どんなスピードで膨大な勉強ができ、それがしっかり頭に入るものなのか、自己中心主義で生きている人々には想像も理解もできないと思う。理科系であっても、マルクス、エンゲルス、レーニンの主要著作は一～二年間で読破した。その同じ気構えで、数学、物理をやったその学力は、今の同じ世代とは比べものにならないぐらい高かった。

『水俣病』の目次を見ると、研究の経験がないにもかかわらず、問題の全貌を見渡す識見の高さに今の人は驚かされるかもしれないが、マルクスを熟読し、資本論の体系で物を考える当時の左翼の仲間にとっては、この程度のことは珍しいことではなかった。むしろ水俣に毎月出かけて資料を集め、医学論文を仔細に検討する態度こそ珍しかった。そもそも社会が忘れてしまって注目しない問題を地道に掘り起こしていく態度こそ珍しかった。ここで君を動かした原動力は、ときどき君がもらしていたように「このとんでもない話の全貌を明らかにすれば、世の中は動く」という確信だったたと思う。

当時の倫理的左翼人の特質は、自分の足で立ち行動する大人だったこと、そして志のために動く人を不利益を顧みず助けることだった。五百ページにおよぶ『水俣病』も左翼仲間の力なしには日の目は見ないはずだった。これははじめ『技術史研究』に出たが、これは君と僕がその会員だった左翼技術者の研究サークル「現代技術史研究会」の機関誌だった。会員二百五十人ほどの会費で運営されるその雑誌に、君がいきなり百枚、百五十枚という原稿を持ち込んだのだ。二回までは出したが、あと十回は続くというので、とても無理、断るべきという意見が出て議論が険悪になったとき、近藤完一が「おれが何とかしてみる」と引き取った。

近藤完一は当時、合成化学労働組合連合会（合化労連）の書記だった。委員長は左翼技術者の大物、太田薫だった。近藤は合化労連の機関誌にこれを連載できないかと考えたが、チッソ労組は連合会の主要メンバー、お客だから、それを真正面からたたく君の原稿をのせるのには絶対に反対がある。そこで近藤は太田薫に決断を仰いだ。その結果が連載の実現だった。

最後になるが、君と僕との関係を振り返ってみたい。君と僕は仕事も思想も至近の距離にいながら打ち解けて話したことはない。それは左翼でも反対するものが違っていたからだ。僕は徹底して反資本主義、反米だったが、君は日本共産党をたたくという意味で、徹底した反代々木[※2]だった。各人の思想は一貫しているわけではない。僕ははじめ反米・親ソだったのに、ソ連を個人旅行して、その官僚主義を嫌悪して反ソになった。しかし反米、反資本主義は変わってはいない。君もしだいに変わったように見える。人知れず『水俣病』を書いていた若い宇井と、海外にいて東大紛争を避けながら帰国後は「反権力」と「東大解体」の象徴となった宇井とは違う。その宇井が、正式には自分が富田八郎だと名乗らず、最重要著作『水俣病』を自分の著作集の中に入れなかったのは、思想的人格的な違和感があったからではないか。これ以上はそちらに行って話そう。

※1　三井三池争議（一九五九〜六〇年）：職場活動家の大量の指名解雇による経営主導権確立を図った三井三池炭坑で起こった労働争議。財界が三井鉱山を全面支持し、日本労働組合総評議会が三池労組を全面支持したため、総資本対総労働の対決ともよばれた。

※2　日本共産党の本部が代々木に所在することから、各分派（セクト）のうち共産党と関係の近い日本民主青年同盟（民青）などを「代々木系」、共産党と対立する新左翼系のセクトを「反代々木系」とよぶことがある。日本共産党は一九五〇年、同党衆議院議員が占領軍命令で追放されて以後、中国共産党の影響下に武装闘争へ転換したが、結局、壊滅状態になった。一九六一年、現指導部が主導権を握り議会主義に戻ったが、革命への展望がないその運動に失望した学生たちが新左翼となった。

【出典　東京化学同人『現代化学』No.431/2007.2】

宇井純さんの訃報に接して

宇澤弘文
日本学士院会員
東京大学名誉教授

宇井純さんが亡くなった。宇井さんは真の意味におけるリベラリズムの理念が貫かれる社会の実現を求めて、厳しい闘いをつづけてきた。私たちの世代を代表し、先導してきた倫理的、理知的、そして人間的な意味における巨人である。

宇井さんは東大で応用化学を専攻した。卒業後直ちに、ある化学会社に勤めた。間もなく東大に戻り、しばらくして工学部助手になったが、その頃から、水俣病が大きな社会問題となりはじめた。チッソが永年にわたって、水俣湾、さらには不知火海全体にたれ流した膨大な量に上る水銀によって、多くの人々が脳神経中枢を冒され、言語に絶する苦しみに悩まされつづけてきた。宇井さんは戦後の窮乏を象徴する食料不足をもっとも効果的に解決する科学として応用化学を選んだが、その応用化学が神聖な海を汚し、魚を侵し、多くの人々の健康を冒し、その生命を奪い、やがては地域社会の崩壊すら招きかねないことを知って、大きなショックを受けた。と同時に、日本の社会に根強く残っている社会的、経済的、因習的差別につよい憤りを覚えて、数多くの公害反対運動に携わり、常に住民の立場に立って、行政や企業のあり方を厳しく追及しつづけた。

東大紛争のときも、宇井さんは全共闘の学生たちが提起した問題に対して誠実に対応し、同時に東大における教師、研究者のあり方に対しても厳しい批判を突きつけた。紛争後、東大が倫理的、学問的に自滅の道を歩み始めてからは、教室を一般に開放し、自主講座「公害原論」を開講して、公害問題を一つの学問的領域として確立するために大きな貢献をした。全国各地の公害反対運動に指針を与え、住民運動のあり方に大きな影響を及ぼした。沖縄大学に移ってからは、沖縄の美しい自然を保存し、平和を守るための運動に積極的に関わってきた。

今、アメリカの産業的、金融的資本が市場原理主義を武器として、世界の多くの国々の自然、社会、文化、そして人間を破壊しつつある。市場原理主義は、儲けることを人生最大の目的として、倫理的、社会的、人間的な営為を軽んずる生きざまを良しとする考え方である。宇井さんが、その生涯を通じてもっとも嫌悪し、闘ってきた、人間として最低の生きざまである。この市場原理主義が、小泉政権の下で、日本に全面的に輸入され、社会の非倫理化、社会的靱帯の解体、文化の俗悪化、そして人間的関係自体の崩壊をもたらしつつある。この危機的状況の下で、宇井さんを失うことの損失は大きい。痛恨の情を押さえきれない。しかし、宇井さんは、高い志を守りつづけて、崇高な一生を送った。そして紀子夫人をはじめとするすばらしい家族に看取られて、しずかにこの世を去った。宇井さんの志を継いで、日本をもっと人間的、自然的、社会的に魅力あるものに変えてゆくために力を惜しまない人々が必ずや大勢出るに違いない。宇井さん、どうか心安らかに眠ってください。

合掌。

【出典　毎日新聞二〇〇六年十一月十六日付夕刊】

宇井純さんが亡くなられた

鬼頭秀一
東京大学大学院農学生命科学研究科教授

宇井純さんが二〇〇六年十一月十一日午前三時三十四分、胸部大動脈瘤破裂のため、慈恵医大病院で亡くなられた。享年七十四、まだ若すぎる死である。

私は、宇井さんにはとても思い入れが深い。というのも、私がいま行っている「環境倫理」の研究の基本的枠組みに対してもっとも大きな影響を与えたのが宇井さんの著作であり、宇井さんが主宰していた「自主講座」であったからだ。私は、研究の途中で、絶えず、宇井さんの問題提起に帰ることも多い。宇井さんは私のことを弟子だとは思っていないだろうが、私は宇井さんを大事な師匠だと思っている。

一九五一年生まれの私にとって、小学校の時代は理工科ブームで、素朴に科学者に憧れていた。化学への関心から始まり、最終的には生化学の研究を夢見ていた。一方で公害問題や環境問題にも関心も持っていた。

宇井さんの著作に出会ったのは、一九七〇年に大学に入った直後である。当時所属していた大学の自然保護のサークルでは、宇井さんの『公害の政治学』を巡って熱い議論がされていた。従来の自然保護のあり方、特に日本自然保護協会の活動のあり方に対して内部的な立場から強い批判を行っていた。私は、「加害者」として環境問題や公害問題にどうかかわるのかを考えていた。自分が夢見る科学者像と、公害問題や環境問題に「加害者」として対応している「科学者」を重ね合わせつつ、それをどう整理するのか分からないまま、宇井さんの「自主講座」(公害原論)に通うようになった。高校時代から読んでいた公害や環境に関する本の中に清浦雷作氏の『公害への挑戦』があった。その本に対して言いようのない怒りをぶちまけた覚えもある。

当時は、いまから見るとなぜあんなにフットワークが重かったのか分からない位、ただ悶々としていた。自主講座は確実に私を変えたし、当時、『みすず』に連載されていた、オーストラリア在住の柴谷篤弘さんの「反科学論」に出会って、貪るようにして読み、理論的には深化したものの、必要な一歩を踏み出すことなく、日常の中に埋もれていった。

結局、実験科学者への道は博士の途中で断念し、科学史、科学論の世界に修士から学び直すものの、その学問の中でも、宇井さんから私が勝手にいただいたと考えていた課題に対しても、学問が公害問題や環境問題に対して、「加害者」として、何ができるのかという問題を解くための枠組みさえ構築できないままだった。

時代は、公害問題から環境問題へと移り、「地球環境問題」が叫ばれるようになり、宇井さんの提起した公害問題の本質は社会の中心から忘れ去られつつあった。その中で、アメリカから、地球環境問題を倫理的に捉えるグローバルスタンダードとしての「環境倫理学」が日本に導入されようとしていた。

その時代になって、私は、いても立ってもいられない気持ちで、宇井さんの原点に戻ることを決意した。ちょうど、当時同僚だった、民俗学や文化人類学の人たち、東南アジアをフィールドとする地域研究者の人たちの、ある意味では精神的な導きの中で、私はやっと現場に出て、現場を歩くようになった。いろんな方のフィールドに同行しつつ、フィールドワーカーとして独立することが出来たのは、なんと、四十歳を過ぎてからである。

宇井さんの自主講座でもっとも印象的だったのは、荒畑寒村さんをお呼びした回であった。安田講堂前の野外の講座で、当時まだお元気だった荒畑寒村の若いころの話を聞きながら、宇井さんの、荒畑寒村さんが社会主義行脚の中で、『谷中村滅亡史』を二十歳の時に書いたのに対して君たちはどうなんだ、という問いかけに、強く恥じ入りながら、私は悶々とした思いでいたのであった。

その宇井さんの呼びかけにやっと応えるため、随分と回り道をして、二十年もかかってしまった。でも、二十年かけても応えられるようになってよかったと思っている。

宇井さんの思いはずっと持ちつつも、宇井さんとは生身のつきあいはなかった。宇井さんは私にとっての参照点としてありつづけた。

しかし、どういうわけか、宇井さんの晩年に私は一緒に仕事をさせていただく幸運をいただくことになった。

最初のきっかけは、「日本の科学者・技術者１００人」のデジタルアーカイブを作成するプロジェクトであった。このプロジェクトで作成した原稿は、「田中舘愛橘記念科学館」で展示され、ウェブでも公開されている。その百人の中に宇井純さんが含まれており、私はその項目を担当した。宇井さんは私が書くことをどこかで、聞きつけられて、私にコンタクトを取ってこられた。私はいろんな意味でびっくりしたことを覚えている。声が震えていた。結局、環境経済・政策学会の年会でお会いした。結果的には特に宇井さんの注文はなく、私の書いた原案がそのまま最終版になった。ちなみに、原田正純さんの項目は宇井さんが書かれていた。宇井さんは、どうしてか、私の書いた内容がかなり気に入られたようであった。一九九九年のことだったと思う。

宇井さんは、その後、沖縄大学を辞められて東京に帰って来られた。そして、今まで収集されてきた、公害問題、環境問題、住民運動に関する貴重な資料を、埼玉大学共生社会研究センターに寄贈された。そのことを記念して、二〇〇四年十二月に、埼玉大学で宇井さんの基調講演と宇井さんの仕事を継承することをテーマとしたシンポジウムが開かれた。そのときに、宇井さんの基調講演を受けて、宇井さんのこれまでの足跡と現代的意義を報告する役目を直接宇井さんから指名されて行った。埼玉大学共生社会研究センターのニュースレターである『プリズム』の三号に、宇井さんの講演内容とともに収録されている。

そして、それを受けて、『自主講座』が「すいれん舎」から復刻されるに際して、自主講座の歴史的位置づけについての解題を書かせていただいた。ここに書いた内容は、私が今のような仕事をするきっかけになった、環境問題、地球環境問題の時代にあって、公害問題が、特に、宇井さんが水俣をはじめとした公害問題で提起した課題が、環境に関する議論のメインストリームから忘れ去られてしまったことを、環境倫理思想の歴史の中で、特に、環境正義という新しい時代において位置づけ直す試みである。

公害問題から環境問題に社会の関心が移っていく中で、自主講座では公害問題の国際的展開が大きな課題となり、反公害輸出のグループもできて議論が活発に行われていた。宇井さんも、当時は海外をまわり、その中で、日本の公害問題の教訓、課題を提示されていた。しかし、日本のメディアでは、また、環境に関する議論のメインストリームではほとんど無視されていた。宇井さんも随分と悔しい思いをしたと思う。私はあとで宇井さんと対談する中で、現在の環境思想のメインストリームともいうべき「環境正義」の議論の出発点になった、アメリカのノースカロライナにおけるＰＣＢ廃棄問題の現場にも、宇井さんが当時立ち会われらたことを伺い、まさに、「環境正義」の原点にも、「実は宇井さんもその場にいた」ということで大変感慨深く伺った。

アメリカではまさに、そのノースカロライナにおけるＰＣＢ廃棄問題を機に、環境における人種差別主義の問題が提起され、「環境正義（運動）」という思想や運動に成熟していった。そして、連邦政府にも「環境正義」を認めさせ、国際的にも広範な議論に成長し、重要な環境思想になっていった。それと反して、日本では、「環境正義」で問題になるべき議論が、すでに、公害問題で提起され、宇井さんもさまざまな形で議論し、自主講座でも引き継がれていったのに、日本の環境の議論からは忘れ去られたのである。宇井さんもさぞ、悔しかっただろうと思う。また、私も、悔しい思いを持ちつつ、その悔しさをバネに、今までの学問の枠組みに限定された方法論を捨てて、一歩を踏み出すことができたのだと思う。

私は、解題で、そのような趣旨のことを書いた。宇井さんにもとても喜んでもらい本当によかったと思う。これで、何か恩返しができたような気がしている。

そして、今年（二〇〇六）年の夏に、明治大学の『軍縮地球市民』の企画で、仕事をご一緒することになった。当初は、緒方正人さんのインタビューアとして私を想定されていたようだが、宇井さんからの直接の指名を受けて、私がインタビューすることになった。おそらく、

『自主講座』の解題の原稿はよほどうれしかったのだと思う。八月二十一日に宇井さんのご自宅に伺った。

当初は、普通のインタビューというか対談のはずだった。しかし、宇井さんの体調が急に悪くなり、伺ったら、ベッドに伏せておられた。私は、あまりにも状況がしんどそうなので、また改めて伺い、体調のいいときにインタビューに来たいと申し上げた。しかし、宇井さんは、「いや、このままやります」と言われたので、正直、どうしようかと思ったが、ご本人の強い希望もあったので、そのまま、インタビューさせていただいた。全体として、はっきり強く言うべきことは言われたものの、全体に気弱なところが目立った。特に、後進に対するメッセージでは、人に対してどうのこうのではなく、まずは自分の体を直してからだとおっしゃったのが印象的であった。

そういう意味では、何とか病気と闘い、病気を克服して、残されたやるべきことをやり遂げたいという意志の現れだったと思う。ちょっと壮絶な感じであった。

そして、インタビューの数日後に入院された。校正は入院された病院でされ、先月刷り上がった（季刊『軍縮地球市民』第六号　二〇〇六年十月十八日発売）。

タイトルは、「〈対談〉水俣に第三者はいない～『公平性』に拠る人々～宇井純×鬼頭秀一」となった。

私としては、宇井さんが最初に「公害原論」で言われた衝撃的なことを、いま再びテーマにしたいと思った。※

宇井さんは、公害には第三者がいない、第三者機関も、中立的立場で調停しようとする人たちも、結果的に加害者になってしまうことを提起した。この問題の深い意味に関しては、今まで十分に議論されていない。否定的な言論も目につく。

私は、この宇井さんのテーゼは、専門家や行政、中立的だと称する人たちが、結果的に、問題をトータルで理解することに失敗しているのに対して、被害者は、問題をトータルに捉えているというか、捉えざるを得ないところに置かれているという非対称的な構造があることが重要だと思っている。

これは、いくら良心的な専門家や行政の人でも同じである。個人の倫理の問題ではなく、構造的な問題なのである。公害の被害ということが、単なる病気という表層的なものを越えて、重層的に存在しており、被害者は、逃れようにも、被害の重層的な全体性からは逃れられない、それに対して、専門家や行政、中立性を標榜する人たちは、被害を「病気」という表層的なもので捉えている限り、重層的な被害の全体にはいくら努力しても迫れないのである。それを越えるのは、被害者の置かれた立場に自らを重ね合わせ、深い共感を持ちつつ、現場でまるごと捉えるべき努力をすべく、そして初めて可能なのである。普遍性、中立性を標榜する自然科学、学問は、普遍性や中立性にからめ捕られている限りにおいて、その現実を越えられないのである。

今まで誰にも言っていないが、私の「社会的リンク論」は、この宇井テーゼの私なりの別の表現である。その意味でも私は宇井さんに多くを負っている。

さて、この宇井テーゼは、学問論的に非常に重要な提起なのである。この問題を越えなければ、被害を十全に捉えて被害を救済することは不可能である。水俣の解決が困難であるのはこのためである。

その意味でも、今後の環境思想や公共哲学の深化のためにも、宇井さんにもっと頑張っていただき、いろいろと教えていただきたかったと、残念に思う。

残された私たちがそれだけ頑張らなければならないのだと思う。

最後に宇井純さんのご冥福を祈りたいと思う。

※とりあえずの仕事として、「水俣と抵抗の原理としての環境倫理学」最首悟・丹波博紀（編）『水俣五〇年　ひろがる「水俣」の思い』（作品社、二〇〇七年）を書かせていただいた。宇井さんへの追悼の思いを込めて。

【出典　「柏から　環境倫理学の研究室〜環境倫理の現在」http://www.janjanblog.jp/user/kitosh/kito/】

故宇井純先生の三回忌を迎えて

寺西俊一
一橋大学大学院経済学研究科教授

宇井純先生が他界されてから早くも三回忌を迎える。改めて、在りし日の先生から教わったことなどがいろいろと思い起こされてくる。

私が宇井先生に初めてお目にかかったのは、一九八六年七月以降、先生も重要メンバーだった公害研究委員会に参加し、その同人誌である『公害研究』(一九九二年九月から『環境と公害』に改題、岩波書店刊)の編集幹事を務めるようになってからである。

当時、宇井先生は、長年の東大工学部助手から沖縄大学教授として転任されたばかりの頃だった。たしか一九八六年の秋口だったと記憶しているが、先生が沖縄から前述の公害研究委員会の会合のために上京された折、初めてご挨拶させていただく機会を得た。先生が逝去されたのが二〇〇六年十一月だから、以来約二十年にわたり、いろいろな場面でお世話になり、また、ご教示を賜ってきたことになる。

先生から教わったことは多々あるが、ここでは、私が一橋大学で企画・運営した特別講義（『現代環境学』）にご出講いただいたときのことを簡単に記しておく。

この特別講義は、（財）サンワみどり基金による寄付講義として一九九七年度・一九九八年度・一九九九年度の三カ年度に限って開講したもので、宇井先生には、一九九七年度夏学期および一九九八年度夏学期の二回にわたって、「水質汚染を考える（2）日本・アジア・世界をめぐって」と題する講義をお願いした。これは、同じく原田正純先生にもお願いした「水質汚染を考える（1）水俣病の歴史と教訓」の講義とセットのもので、まさに水俣病の問題から始まって、排水処理や下水処理をめぐる問題を専門とされてきた宇井先生の公害研究の歩みを、次世代の私たちに凝縮的に語り伝えてくれるものであった。

なかでも先生は、とくに下水処理のあり方をめぐる問題を重視され、十九世紀が「排除の時代」、二十世紀が「処理の時代」であったとすれば、これからの二十一世紀は「再利用の時代」になるのではないか、と指摘しておられた。これは、宇井先生ならではの卓見である。そして、私にはいつも、「なぜ日本の経済学者は、まったく時代遅れで無駄の多い下水道処理事業の財政問題を批判的に分析しないのか」と厳しく詰問しておられた。私にはいまも、宇井先生からの叱声が天国から聞こえてくるような気がして、いつも身の引き締まる思いでいる。

現場との出会い

故宇井先生を偲んで生きることと闘うことの人生教師

矢野トヨコ
油症未認定患者の掘り起こし元代表
矢野忠義
油症医療恒久救済対策協議会会長

カネミ油症事件の初期頃において、宇井純先生から私たちの人生における貴重ないただきものがある。これは私たちの油症問題に取り組む姿勢そのものに大きな影響を与えたことは感謝に値する宝物である、ともいえる。ここに今は亡き宇井純先生を偲びつつ、それをいくども広げ読み返し、手垢にまみれてもこの記録と体験は三十五年後の今日もいまだに変わりはないのである。私、矢野トヨコは宇井純先生の遺影に向かって語りたくても今は病床に臥し、外出もままならず、無念の思いのままにこの「赤本」を遺影として、語りかけている状況である。

「赤本」と通常言われているのは「公害原論　公開自主講座　九州講座」である。カネミ油症という甚大な人体被害を受け苦しむ中で、裁判闘争などで揺れ動く被害者にとっては実に貴重な体験であった。そして成長していったのでもある。思えば当初、北九州市で反公害と労災問題で取り組んでいた村田久氏が「公害原論　東大自主講座」を、世界では初の化学物質による人体実験といわれるカネミ油症事件の、現地で数回に及ぶ「カネミ油症九州講座」として開催するよう努力されたことは、快諾された宇井純先生とともに高く評価されるものである。

また宇井純先生は人生のほとんどを環境と水問題などに尽力され、しかも東大助手という身分に甘んじつつ、信念の人として過ごされたことは驚嘆であり、大学とは何なのかということ、日本という国のあり方を教えていただいたものである。今も私たち夫婦は宇井純先生の無言の教訓が生きがいであり、終世の誇りとして多くの人に伝え、語り合う事の宝物としていることを遺影に捧げていきたい。

【二〇〇七年六月二十三日「偲ぶ集い」への寄稿】

矢野トヨコ氏は二〇〇八年一〇月一八日に、ご逝去されました。

印象深い「男はアテにならない。婦人部をつくりなさい」

早乙女順子
那須の自然に学ぶ会

本来でしたら、栃木県から来て、しかも宇井先生と縁があるのだったら「足尾」の問題を話す方が登壇するのではないかというふうに思われるんでしょうし、私以外の発言者も本当にお名前を聞いただけでどのような働きをなさっている方かお分かりになるような方ばかりで、ここに立つということにすごく迷いがありましたけれども、一言お話しさせていただきます。

私は宇井先生から公害とかそういう大きな問題の支援をしていただいただけではなくて、小さな地域の産廃の問題、ごみの問題、そういうことにも同じように力を私たちに貸して下さいました。ですから、そこのところでもう少しみなさんに先生のお人柄をお伝えできるかなと思っております。

私の住んでいる那須塩原市、旧黒磯市なんですけれども、そこで産廃の問題が起きました。そのとき先生に、地元の人たちは産廃が何かわからなかったので、講師をお願いしました。で、快く那須塩原まで来てくださいまして、私たちに運動の作り方一つひとつから、産廃がどうして駄目なのかということのお話をしてくださいました。印象的だったのは、運動の作り方で、「婦人部を作りなさい、男なんてすぐひいちゃうから。それから若い人たちの青年部を作りなさいよ」というようなことを本当に細かい事まで教えてくださいました。

那須塩原市は産廃が集中してしまっています。あるとき、宇井先生がその集中した産廃処分場を一緒に回りたいからということで、来ていただいたことがあります。そのときに余りの多さに先生は「実態を調査すべきだ、私が退職したら調べにくるよ」とおっしゃっていました。そのときに一つ反省したんですけれど、現実を正確に確認していなかったということに気が付き、沢山ある処分場の一つひとつを地図に落としました。ミニ処分場といって千四百平方メートル以下のちっちゃな処分場もありますので、ある地域では百二十箇所も地図に書き入れました。そんなことをしているときに、宇井先生からの紹介ということで、水俣の方から電話がありました。それは「水俣に大きな規模の産廃処分場が計画されている。その業者が那須塩原市で営業しているから、その実態を案内してくれ」ということでした。わたしは産廃処分場が一つつくられると、あとはどんな状況になるかというのを知らせるために水俣に伺いました。(水俣のみなさんは)産廃については自分は中立だと言っていた市長を、すげかえることもその後しました。「那須高原では市長が産廃は反対だって言っているにもかかわらず、できちゃうんだから、中立だと言っているのは賛成に等しいですよ」ということくらいしかアドバイスはできなかったんですけれども、そういうようなことをお話ししました。

で、そのときに偶然に、あの「原爆の図」を描いた丸木位里先生、俊先生が「水俣の図」を描いたところを案内していただきました。その時、思い出したんですけれども、栃木には丸木美術館の栃木館というのがありまして、その位里先生と俊先生が足尾鉱毒問題を取り上げた「鉱毒の図」をそこで描かれました。その「鉱毒の図」の前で宇井先生と夜遅くまで産廃メンバーと一緒に飲んだ事を懐かしく思い出しました。

宇井先生は沖縄に行かれる前、「栃木県には水問題をやる団体がなかったんですね」と言われて、その後、栃木に水問題に取り組む団体をつくった時に先生に基調講演をお願いしました。

そのとき「栃木に水問題をやる団体ができてよかった」とおっしゃってくださいました。先生とのやりとりはそのようなときだけ、一番多いのは産廃に関してで、最後の先生との関わりもあの水俣に産廃処分場ができる、そのことでした。

先生は、ご自分の体がすでにお悪かったんですけれど、水俣のことをすごく心配しておられました。ですから、少しでも先生の教えを、なにか実践が出来ればということを今日、ここにお誓いして、それと栃木のあの市民運動を支えてくれた仲間を代弁して、心から「宇井先生、長い間ありがとうございました」と申し上げたいと思います。

【二〇〇七年六月二十三日「偲ぶ集い」の発言より】

宇井さんの遺した最大の課題

菅井益郎
國學院大學経済学部教授

宇井純さんが亡くなられた。満七十四歳。多くの宇井さんを慕う人々にとって、それは衝撃的なニュースであったに違いない。いつも皆を励まし、元気に現地を飛び回っていた宇井さんが亡くなるなんてとても信じられなかったと思う。私自身前々日の夜、病室に伺った時「宇井さん、治ったらまた一緒に飲みましょう」というと、「うん！」とはっきり応えていられたので、まだまだ大丈夫だと思っていたのである。痰がつまってぜいぜいされていたので、「苦しいですか」とたずねると、「うん、苦しい」とおっしゃるので、看護師さんにとってもらうと少し楽になったらしく、話をすることができたのである。意識もしっかりしていられたし、まさかあの時の会話が最後になろうとは思ってもみなかった。

いろいろ聞いておくべきことがあったのであるが、もう永遠にお聞きすることはできない。その一つに宇井さんの父方の祖母が「谷中村から来た」と知ったとき（その頃は水俣病に全力で取り組まれていたときであるが）、どのように思われたのか、その後の生き方との関係はいかなるものであったか、ということである。近くにいながらついに詳しい話を聞きそびれてしまった。宇井さんは最初に勤めた日本ゼオンが古河財閥の直系会社であることは話されていたが、ことさらに自分に鉱毒被害民の血が流れているなどとおっしゃったことはない。しかし宇井さんには多分特別の思いがあったのであろう。

宇井さんのことを書き出したら止まりそうにない。一九八〇年に宇井さんが国連大学のプロジェクトのひとつ「日本の公害の経験」を引き受けて来られ、その手伝いをすることになり、よく国内の公害調査に出かけた。星野芳郎さん※や先年亡くなった飯島伸子さん、東海林吉郎さん、私も含め五人のプロジェクトで三年ほど続き、その後も海外の学会やシンポジウムにも何度か一緒に出かけた。沖縄から戻られてからは二年続けて国学院で特別講義を四回やっていただいた。感謝の申し上げようもない。宇井さんからたくさんのことを学んだが、一番は「公害には第三者はない」ということである。それは東大にいながら東大当局を批判し、御用学者の教授連中を批判し、第三者ぶった研究者を批判し続けた宇井さんの生き方でもある。

宇井さんを讃えるには三宅雪嶺（雄二郎）の帝大批判のことばがもっともふさわしいので皆さんにも読んでもらいたいと思って引用する。

聞説《きくな》らく、高島炭鑛《たかしまたんこう》に在勤する幾多《いくた》の学士ありと。
借問《しゃもん》す、兄等《けいら》は半生《はんせい》何にの道を講じたるぞ、東京大学にありて果たして何にの義理を修めたるものぞ。

（三宅雄二郎「三千の奴隷を如何にすべき」、高島炭鑛坑夫虐待事件に関して、三宅が経営者の三菱を批判して『日本人』に執筆した文章。『明治文化全集』第六巻、二十一ページ）

三宅雪嶺の言を待つまでもなく、実に宇井さんこそ東大で教え研究するに値する人であった。この姿勢を私どもエントロピー学会のメンバーが受け継いでいけるかが宇井さんの遺した最大の課題であると思う。

※星野芳郎さんも、宇井さんが亡くなられた一年後（二〇〇七年）の十二月四日に亡くなられた。

【出典　エントロピー学会「エントロピー学会だより『えす』」No.142】

宇井純の高知

松岡周平
株式会社ノブレスオブリージュ代表取締役

言葉は生きもののようなものだ、という人がいる。たしかに毎年たくさんの流行語や新語が生まれ、その陰で、消えていく言葉も少なくない。生まれたばかりの初々しい元気な言葉はマスコミにもてはやされ人口に膾炙《かいしゃ》するが、いつの間にか時代のなかで消費し尽くされ、賞味期限がきれると消え去る。

いまもっとも旬な言葉は、「地球温暖化」「エコロジー」「ＬＯＨＡＳ」などの環境用語だろうか。遅きに失した感もないではないが、人間がやっと地球環境に真剣に向き合いはじめた証でもあり、この傾向は歓迎すべきことに違いない。

さて、このような環境関連用語が隆盛をきわめるその陰で、ひとつの重要な言葉が消え去ったことにお気づきだろうか。「公害（Public Pollution）」である。日本の環境問題は、「公害」から始まったことすら、この言葉と共に忘れ去られようとしているようである。

じつは私の生まれた年、昭和三十一年（一九五六年）は、ふたつの出来事で後々まで記憶される年となった。ひとつは、この年の経済白書が使った「もはや〝戦後〟ではない」という名文句（？）が大流行語となったこと。そしてもうひとつは、この言葉に象徴される経済成長の勢いとコインの裏表のように起こった未曾有の公害病、「水俣病」の〝発見〟である。

私はだから、高度経済成長と公害の申し子だとよく自称することがある。少々余談だが。

この、世界を震撼させた公害病、水俣病との闘いに生涯をかけた人物のひとりに、故宇井純さん（二〇〇六年十一月十一日死去、享年七十四）がいる。

宇井さんはまさに日本の公害運動の象徴的な存在で、一九七〇年代、東大には総長がふたりいると言われるほど、夜の総長の自主講座「公害原論」は受講者が殺到した。多くの人びとに勇気と希望を与えつづけた科学者、宇井純さんは五十四歳で東大を退官して沖縄大学に教授として移ったが、その後体調を崩して入退院をくりかえしていた。

そんな宇井さんに、当時小さな新聞を発行していた私はアウトドアライターの天野礼子さんの紹介で連載原稿をお願いした。宇井さんが亡くなる六年半前のことである。

鉛筆で、一文字一文字しぼり出すように丁寧に書かれた文字で原稿用紙の枡目が埋められた「私の高知と四万十川」の第一回原稿「生コン裁判の思い出」が郵送されてきたとき、憧れの宇井純さんの直筆原稿なのだといううれしさと、なにか鬼気迫るものを感じたことだった。

書き出しは、次のようにはじまっていた。

高知、それは私を三十年近く昔へひきもどす響きを持った地名である。

高知パルプ生コン事件をおぼえている人はもう中年以上になっているはずだが、この土佐の人々の行動性と計画性を全国に知らしめた事件の最初から最後までの経緯を、縁あって知ることができた。日本中を旅することの多い私の生涯で、おそらく水俣の次に親近感をもって思い出す土地の名前であり、また共に公害とたたかった人々の群像である。

高知パルプ生コン事件のことを、どれだけの高知県人が覚えているだろうか。

昭和三十年代から四十年代にかけてのまさに高度成長期、パルプ排水で真っ黒なドブ川と化した江ノ口川の無残な姿と耐えがたい悪臭。自転車で学校に通っていたころ、九反田付近であの悪臭がおそってきたことを、私は昨日のことのように思いだす。真っ黒な川底のヘドロからぶくぶくとガスが湧きでて、おもわず鼻をつまんだものだ。

貧しさからやっと脱して経済成長に向かいつつあるあのころの市民にとって、鼻が曲がるほど臭いドブ川すらも明日の豊かさのために我慢しなければならないものだったのだろうか。

しかし、これに敢然と立ち向かった男たちがいた。

行政のあらゆる機関に訴えても埒《らち》があかないため、自然保護運動の先頭に立っていた山崎圭次さん、坂本九郎さんらは肚《はら》をくくる。一九七一年六月九日未明、高知パルプからの排出口のマンホールに生コン車一杯のコンクリートを流し込んで排水を止めたのだ。それも、交番の前で。この快挙に、高知市民は拍手喝采した。あの、日本でもっとも汚い川と呼ばれた不名誉な江ノ口川がこれで蘇る。山崎さんらはもちろん、有罪を覚悟していた。愛する故郷を守るための、それはやむにやまれぬ行動だった。

弁護の依頼を受けた宇井さんは当時日本最高の公害研究者を高知に集め、山崎、坂本両氏の裁判で特別弁護人チームを組んだ。都留重人、戒能通孝、宮本憲一、庄司光、そしてのちに環境リスク研究の第一人者となる中西準子さんもいた。宇井さんの原稿にこうある。

さて証人は私の同僚の中西準子助手。普段は地味な装いの人がこの日は大サービスでこれまで見たこともない服でやってきて、かねて用意しておいたパルプ排水に金魚を入れた。すると、パタン、コロリと死ぬ。硫化水素ガスを白ネズミに吸わせると、キリキリ舞いしてパタリと死ぬ。「このガスを江ノ口川沿いの人々は毎日吸っているのです。裁判長、検察官、あなた方もひとつ嗅いでみて下さい」と彼女が厳しく命令したときの検事のしぶい顔はいまだに忘れられない。

こんなユーモアのある宇井さんだが、筋は絶対に曲げない芯のつよさがあった。水俣病の原因がチッソ水俣工場からの排水に含まれる有機水銀であることに確信を持つようになって、ペンネームで書いていた合化労連の機関紙への寄稿を実名にした。当時の産業優先の日本の状況では、研究者として自殺行為だ。東大の研究者だった宇井さんの出世の道は、これで閉ざされることになる。生後一ヵ月の長女を抱えた妻に、涙を見せながら、そう話したという。そしてその通りに、五十四歳で沖縄大に教授として招かれるまで、東大は宇井さんを助手のまま放置したのである。

いまや「公害」という言葉が消え去り、それに代わる環境用語がマスコミを賑わしている。時代はたしかに変わった。しかしここに至る道のりは、決して平坦ではなかった。その歴史の一ページを知ってもらいたくて、そして遅ればせながら宇井先生への鎮魂の想いをこめてこれを書いた。

かくすれば　かくなるものと　知りながら
やむにやまれぬ　大和魂　（吉田松陰）

【出典　「風聞異説」http://nobless.seesaa.net/】

宇井さんと大牟田の公害

武藤泰勝
元大牟田市職員
コスモス文学・九州文学同人

宇井さんが亡くなったという記事を読んで、二日間、泣き通しました。大牟田の人たちのなかでも、私はずいぶん強いつながりを宇井さんともたせていただいたと思っています。

私は大牟田市役所の企画室にいました。当時、公害問題は保健所の担当だったんですが、大牟田川の公害については企画室が担当していました。水は資源という考え方から、経済企画庁の管轄だったんですね。それで、県レベル、市役所レベルでも企画室の担当ということになった。大牟田川が全国から注目されたのは、水銀問題です。水俣以外ではじめて水銀についての排水基準を決めるということで、非常に全国的に注目されました。

宇井さんの話をはじめて聞いたのは東大の自主講座です。これはおもしろいということで、宇井さんに電話をしました。一度話をしたいから会ってくれといったら、断られたんですよ。その理由が「私は役人とは付き合わないようにしている」と。それで、私は頭にきましてね、ずーっと調べて、宇井さんの家をつきとめて、乗り込んでいったわけです。たしか、おみやげに「石炭人形」（大牟田の民芸品）を持っていきました。

そして、「あなたと話をしないかぎりは九州へは帰りません」と、玄関に座り込んだわけです。そうしたら、奥さんが気を遣って部屋に通してくれまして。お茶を飲みながら、一時間か二時間くらいでしょうか、宇井さんと公害についての考え方を話しました。そうしたら宇井さんが、「お前はほんとに役人か」というんですよ。

「はい、役人です」

「なんかちょっと普通の役人と毛色が変わっているな」

「私は並みの役人にはなりたくないという気持ちがあるもんですから」

と冗談まじりにそういう会話をしました。そこから宇井さんとのつながりができたわけです。

それ以降、宇井さんとは大牟田川の水銀問題などを中心にお付き合いをしたわけですが、ストックホルムの環境会議にもいっしょに行きました。その後、自主講座にも引っ張り出されて三時間しゃべらされたりしました。

いま、環境という言葉は盛んに出てきても、公害という言葉はなくなって、まるで公害自体がなくなったような錯覚を起こすときがあります。しかし、産業公害というものを、国家的な課題としてきちんと問題意識をもっておかなければならないだろうと思います。

大牟田で偲ぶ会をするということで、ここ一週間ほど、いろんなことを思い出して、資料を引っ張り出してさまざまなことを考えました。宇井さんを偲ぶ会ではありますけど、ただ単に、偲んで思い出話だけで終わっては意味がない。あのときの自分たちの行動はなんだったのかという、そういう総括的な目で宇井さんとの関係を偲んで、何かを感じたら、ぜひ明日以降の自分の生き方とか、あるいは自分の仕事のしかたに大いに生かしてもらいたい。

過去を振り返るのは、明日からどう生きるかというテーマに自分自身が挑戦をするためです。私は偲ぶ会というのを、そういうふうに勝手に解釈しています。

【二〇〇六年十二月二日　大牟田「宇井純を偲ぶ会」の発言より】

宇井純さんの偉大さを思う

木原啓吉
千葉大学名誉教授
元朝日新聞環境問題担当編集委員

一九六八年といえば東京オリンピックの前年で、わが国は経済の高度成長と国土の開発に沸き立っていました。その時に、当時、東京大学工学部都市工学科の助手であった宇井純さんが『公害の政治学』というタイトルの書物を三省堂から出版されました。水俣病の現場を訪ね、自分の目と耳で、患者の苦しみと家族の生活、企業の横暴、行政の怠慢、一部の研究者の行動を批判する、まさに寸鉄人を刺す表現が続いていました。自然科学者の宇井さんが、あえて専門の工学系のタイトルを排し、「政治学」という社会科学の表現を正面に押し出して取り組まれた、その勇気と視野の広さ、先見性に感動を覚えたことを今もはっきりと思い出すことができます。

七〇年代になってわが国の環境破壊はますます深刻になってきました。当時、私は朝日新聞の環境問題担当の記者として水俣、四日市、田子ノ浦など、日本の各地で公害や自然破壊、歴史的環境の破壊の現場を訪ね、住民運動や自治体、企業の対応を取材していました。その行く先々で私は宇井さんの足跡をたどることになりました。

一九七〇年代のはじめ、私は大分県の臼杵市で旧大阪セメントの進出計画に対し、海の汚染を憂慮した住民運動を取材したことがあります。ここで住民運動のリーダーであったフンドーキン醤油副社長（当時）の小手川道郎さんからうかがったのですが、「おまえの工場から味噌豆を煮た排水をたれながしているではないかと言われると返す言葉がない。業者から見積もりをとったら二億円。とても田舎の味噌屋では払えません」というと、宇井さんは「私はオランダで下水の簡易処理を習ってきたところです」と言い、鉛筆をとりだしてその場で設計をスケッチし「計算をしたところ、二千五百万円で四か月で完成しますよ」と言われたそうです。その経緯をうかがった処理施設が、その後四十年近くたった今も見事に作動していることに私は驚かされました。宇井さんは公害反対を主張されるだけではなく、公害防止の優れた技術研究者であることを、さりげなく示されたことになります。

こうして、宇井さんの現実を見つめる目の鋭さと確かさに感銘を受けていましたので、私はたびたび朝日新聞の「ＰＰＭ」というコラム欄に宇井さんにお願いして署名入りの文章を掲載させていただきました。その時も痛感したことですが、宇井さんは必ず締め切りの前日までに私に原稿を手渡されるのです。それは研究用のます目の原稿用紙に鉛筆で、横書きに手書きされたものでした。私は編集者の立場から繰り返し読み直してみましたが、内容は明確で分かりやすく、句読点のひとつまで完全なものでした。

一九七〇年十月十二日から一九八六年二月五日まで東大工学部の研究室を会場に学生や社会人を対象に「自主講座」が続けられました。私もこの講座に出席させていただきましたが、国立大学の教室を一般に継続して開放されたことは画期的なことでした。

その宇井さんを偲ぶ公開自主講座「宇井純を学ぶ」が、東京大学の権威の象徴ともみられた安田講堂で二〇〇七年六月二十三日におこなわれました。この集まりに出席して宇井さんが日本の歴史のうえに果たされた役割の偉大さにあらためて心うたれるものがありました。

地域や市民と環境研究者のつながり

清野聡子
東京大学大学院助教

宇井先生がご存命で、学の場で研究教育を続けておられれば、と思う。先生は、思想や運動だけでなく、研究や教育の面でも、今後多くの若手や学生を育てるべき世界をもっておられた。「持続可能な社会」とは具体的に何なのか。現在は、最先端分野と言われるが、それが学問と認知されなかった時代に、渦中の現場を走り、日本の近代化から環境的展開の状況を作ってこられたのだから。

環境問題の現場では切実でも研究として未分化な場合の研究者の状況、地域知の個別性と大学での普遍知の関係の議論、様々な軋轢の愚痴もお話しした。宇井先生は、先例を引きながら静かに方向性を示して下さった。私は過去の経緯にも理解が進んで、気持ちが楽になった。先生のご入院の数年前になってやっと、広瀬一好氏のご紹介で初めてお会いした。その後、熊本県天草のフィールドでご一緒したり、沿岸や河川の環境研究のお話をする機会を何回もいただいた。特に、住民の経験知による海岸環境管理は、地域の多様な自然や文化に対応する工学としての突破口、との話に大変熱っぽく議論にのって下さった。

例えば、天草のような山村が漁村に連続し、島という半閉鎖系では、大都市や広い平野での方法論がそぐわない点が多くある。地域の個別性をもつ物質循環系に組み込まれている人間のあり方は、住民の経験知が示唆している。何千年も試行錯誤を経て、検証され、共有化されてきた知恵を自然科学や工学の眼で見直す、そのシステム化は可能かと、研究的にも湧き立つ面白さに溢れている。このような方法論に、技術者としての宇井先生は強い興味をもたれ、実験・検証・改良が繰り返されてきた。私は、この天草の方々との技術的な会話を横で伺い、地域の方々と専門家との相互作用系の研究の可能性に胸が躍った。

水俣病研究は、後進に大きな影響を与えた。大学一年生の時、最首悟先生・佐藤八十八先生の駒場の学部生対象の「環境とヒト」のゼミで、天草の御所浦を訪ねた。水俣病の未認定患者さんが大勢おられる島嶼部の地域社会調査に参加した。本や映像でイメージする水俣に比して、静かな生活空間が広がっていた。胎児性水俣病の方々が同世代であることに、改めて衝撃を受けた。「環境問題に興味があります」と他所から訪ねてくる学生たち。その無神経さを思うと、身の置き所の無さに呆然とした。それ以来、環境問題、と軽々しく口にしてはいけない思いが続いている。その後、同じ九州で沿岸開発と生態系保全の摩擦の渦中に入ってしまった。「当事者」としての環境研究者のあり方は悩ましい。宇井先生は、人体への影響という凄まじい環境問題の中で考えておられたのか。

先日、学生実習で栃木県足尾を訪ねた。富国強兵、殖産興業の近代化と環境問題、観光地や聖地の日光との対比で浮かぶ光と影、その光の中にも潜在する自然資源開発、河川の流水不足や酸性雨の現在の問題を学生と議論した。東京大学の教員や学生、卒業生は、日本の近代化の推進者、貢献者であり、同時に環境問題発生の加担者でもあり、時空間を越境する環境問題の被害者かもしれない。それを意識した時、自分の受けた教育や社会での立場に無関心ではいけないと思う。しかし、どう生きたらいいのか。その場合、宇井先生の精神史や、研究者・技術者としての生き方は多くの示唆を与えてくれる。

六月二十三日の会は、大変申し訳ないことに欠席である。大阪での環境市民講座の担当日である。公害問題以降、無数の市民が休日を使って、自然や技術の知識を得て、調査経験を積んでいる。市民による実社会での展開に専門家が刺激され、講座生と講師の共同調査も行っている。宇井先生のご遺志にも適うと言われた活動に別所で参加する事は、帰京したら宇井先生にフィールドのお話をしよう、という気持を残すための偶然かもしれない。

【出典　二〇〇七年六月二十三日　自主講座「宇井純を学ぶ」冊子】

「現場」とはなんだろうか

友澤悠季
京都大学大学院生

宇井純さんは「現場主義」だといわれる。多くのメディアもこの言葉を取り上げた。ここで考えたい。これをルールとして学ぶのではなく、どういう中身をもって受け止めるか、を。

二〇〇七年四月二九日、都内の日比谷公会堂で開かれた「水俣病――新たな五十年のために」という名の特別講演会で、鹿児島県出水《いずみ》の出身の中原さんはこう仰った。私が記憶している断片はこうだ。「私は、このフォーラムで話をしないか、と声をかけていただいたとき、やった！　っとこぶしをにぎりました。出水で言ったって、なーんもとどかん」[※1]

講演会の直前、企画の一環として、水俣病事件に関係が深い環境省から旧チッソ本社入居ビルまで、列を作って歩くという企画があった。歩きながら私がもやもやと考えていたことを、中原さんは直截な言葉で問いかけてくださっていた。東京都という地には富が集結しており、あらゆる決断を〝支配〟（今のところ）する機関――「上層部」がある。そこには出水を想起するための痕跡はかけらもなく、「ここで座り込みがありました」と教えられるまではただの風景としてしか映らない、何の変哲もないコンクリート街。

宇井さんが、会社を辞めて苦しい生活をしていた一九五九年ごろ、新聞で水俣の異変を知って最初にしたことは、通産省や厚生省の資料を少しずつ調べることだったと回顧している。しかしそれだけでは水俣で何が起きているかさっぱりわからず、行ってみるしかない、と考えた。そして応用化学の学生にとって当時もっとも憧れの企業だったチッソ水俣工場の工場見学にもぐりこんだ。[※2] ここに、宇井さんが「現場主義」といわれる一つのルーツがあろう。

昔も今も、出水から東京は遠く、逆もまた然り、という構造は変わっていない。だからこそきっと、行かなければわからないことが絶対にある。お金と時間を作ってでもできる限り行くべきだ。そう思う。だが同時に、そもそも、ある人々（あるいは我々）の生活を左右するもっとも決定的な力をもっている立場にある人が、人々（あるいは我々）が日々何を思い、何に苦しみ何を口惜しがっているのかを聴かないまま決断を下しうる社会の仕組みがあることを忘れてはだめだと思っている。なぜ、身体を壊している人々の側が、お金と時間と精神力をぎりぎりまで賭けて、凶器に近い雑踏を縫って、東京に上ってこなければならないのか。ある力を持っている〝中枢〟の、平凡な日常に「現場」がねじ込まれずに終わっていくこと。あるいはすれ違いのまま埋もれていくことが、不条理だ。

「現場」とは何か。一つだけ明らかなことは、それはどこか遠いところだけに設定されるべきものではない、ということだ。「現場」と思われていないところに「現場」を見出す。出会ってしまった「現場」の先に、何かを生起させている別の「現場」を連想する。自分の中にも「現場」は発見される。社会のなりたちやつながりのおかしさを、苦しみという一点から理解しようとすること、なのかもしれない。そして次に必要なのは、「現場」を慎重に除外して成り立っている場に、自分から「現場」をねじ込んで、何かを変えていくことなのではないか。

宇井さんのやっていたことは、あらゆる局面に「現場」を突きつけねじ込む行為だったように思える。そのひとつが「自主講座公害原論」だった。「普通の市民までが教壇に立」ち、「まさに神聖な教壇が市民の土足で踏みにじられ[※3]」る機会を作り出した。色々な地域から人が集まってきて、また色々な地域へ人が散ったりもしただろう。確かにそのとき、東京の東大には、ひとつの「現場」が生まれていたのだと思う。

オウム返しのように「現場」と繰り返してもその内実は形骸化していくだけだと予感する。それは宇井さんが放った数々の「名言」すべてについて言えることだ。このことに慎重でありたいと願う。宇井さんを学ぶこととは、この地点から考えることなのではないか。

※1 この記録は『水俣フォーラムNEWS』No.31（2007.03.27）に掲載されている。
※2 宇井純著『キミよ歩いて考えろ』（ポプラ社、1979（1997）99ページ。
※3 宇井純編『公害自主講座15年』（亜紀書房、1991）451ページ、「座談会・自主講座を生みだしたもの」での依田彦三郎さんのことば。

【出典 二〇〇七年六月二十三日 自主講座「宇井純を学ぶ」冊子】

沖縄の環境と適正技術

若い世代に伝える宇井さんの言葉と仕事

櫻井国俊
沖縄大学学長

沖縄大学の櫻井でございます。この集まりは、宇井さんを直接知らない若い人たちに宇井さんの言葉あるいは仕事を伝えていこうという趣旨であると伺っています。私なりに宇井さんの言葉と仕事を若い世代の人たちにつないでいきたいと思っています。

きょうは、実は沖縄戦が終結してから六十二年めの「慰霊の日」です。沖縄ではきょう、熾烈な地上戦で亡くなられた二十数万の御霊を慰めて、不戦の誓いを新たにするさまざまな集いが厳しい夏の日差しの下で行われているはずです。沖縄に暮らしていると、日本がすさまじい勢いで戦前に戻りつつある、戦前化しつつあるということを日々強く感じます。正直なところ、きょうは沖縄にいてさまざまな思いをめぐらすべきではないかと迷いながら、東京に参りました。

私は、宇井先生が一九六五年に東京大学の都市工学科の助手として水質実験を担当されたときに、最初に鍛えられた学生です。以後私は、宇井純先生と同じ専門の水処理の分野で働いてきました。

そういう角度から見た宇井先生は、徹底的に現場での判断を重視する人でした。現場の条件に則した技術、今流に言えば「適正技術」ということになりますが、現場から柔軟に発想して適正技術を追求する方でした。また、そのこととつながりますが、誰かえらい人がこう言っているというようなことには媚びない、屈しないという反権威主義を貫いていらっしゃいました。

そのころ、東大の先生方は横文字を縦にするのが学問だと思っているようなところがありました。しかし、日本とヨーロッパでは歴史が違います。

ヨーロッパでは家庭から出る汚水も工場廃水も、ともかく町の外に出すことが第一ということから出発しました。そういう歴史があるため、汚水も工場排水も同じ排水路で町の外に出していました。そのため、それを処理しなければならなくなったときに、すでに混ざっているものをどう処理するのかということが問題になったのです。

後から追いかける日本では、工場排水についてまだ何もされていないわけですから、混ぜるべきでないものは混ぜなければよい。にもかかわらず、日本のほとんどの大学の先生方は、ヨーロッパに倣っていかに混ぜたものを処理するのかということをやっていました。そんなものはあほらしい、そんなことはやる必要がないということを見事に議論のなかで喝破された宇井さんを見て、私は目から鱗という感じがしました。

また、非常に有名な流域下水道論争という論争があります。流域下水道というのは流域全体をカバーする大きな下水道をつくろうということですが、スケールメリットが働く、安くなるというのはまさに「神話」です。下水処理場そのものは大きくなると安くなりますが、パイプはどんどん太くなり、深いところに埋めなければならず、儲かるのはゼネコンだけです。そして、河川の自流量は低下し、自然がなくなっていくのです。そういうゼネコンに味方し、あるいは役所に味方し、多くの学者がその片棒を担ぐなかで、徹底的にこれを批判してこられたのが宇井先生であり、中西準子先生だったと思います。

いま世の中はどんどん戦前化し、集団的自衛権についての有識者懇談会なるものがつくられて、東大の先生方がまさに御用学者として活躍しています。こういう事態をいまの若い人たち、たとえば東大で学んでいる若い人たちはどう見ているのでしょうか。沖縄にいますと、東京の事情にうとくなることもありますが、東大の中からこうした動きにNOという声があがっているとの情報は、沖縄にはまったく伝わってきません。この安田講堂には東大のみなさんも多くおられると思いますが、みなさんはどうお考えですか。

いろいろな意見を持つことはよいわけですが、明らかに特定の意見しかもたない人たちを集めて首相が有識者の懇談会を持つ。こういうことに我々はあまりにも黙っていすぎるのではないでしょうか。宇井先生が流域下水道の是非についてあれだけ激しく、ゼネコンと建設省の強固な連合軍に対して戦いを挑んだということを、私は非常に貴重なものに思います。

宇井先生はこうした形で論争を挑まれましたが、結局東大には容れられず、日本社会の矛盾がある意味集約する現場である沖縄に一九八六年に移られました。

私は東大闘争のあと、東大を出て途上国で働いていました。宇井先生に鍛えられた私の分野が、いちばん役に立つのは途上国です。途上国の現場で私は、人は実践することで学ぶということを実感しました。

一九九二年に、東大でも途上国の、世界の環境問題を学生たちに教えなければならないということで、東大に戻りました。しかし、実は非常にがっかりしました。「戻ってくるな。お前は東大を捨てたはずじゃないか」という形で、学生たちに追い出されるということを期待してもいたのですが、それもありませんでした。

また、私や宇井先生の専門分野である衛生工学がもっとも役立つ現場は途上国です。飲み水が安全ではないために、子どもたちがばたばた死んでいく——この状況にいちばん直接的に役に立つ学問をやっているはずの東大の大学院生たちが、現場である途上国にはほとんど行こうとしないのです。

私が若いみなさんに問いたいのは、みなさんのやっている学問は現実社会とどうかかわっているのかということです。人は実践のなかでこそ学びます。そして、厳しい現場で格闘してこそ人は育つのです。それぞれの学問に、それぞれの現場がありますが、現場から離れたところでは人は成長しません。宇井先生はそう言っておられたのだと思います。

先ほど申しましたように、宇井先生は日本社会の矛盾が先鋭的に現れる現場中の現場としての沖縄に、一九八六年に移られたのです。

多くのみなさんが、戦後六十二年、平和憲法が、あるいは九条が日本を守ってきたと言っていますが、私はこれをとんでもない嘘だと思っています。この六十二年間、沖縄は一貫して戦争と隣り合わせでした。朝鮮戦争があり、ベトナム戦争があり、湾岸戦争、アフガン戦争、イラク戦争がありました。この間、沖縄はつねに戦争と隣り合わせだったのです。

国土面積の〇・六%を占めるにすぎない沖縄に、米軍基地の七五%が居座り続けています。そして、限りなく日米両軍が一体化して、アメリカのする戦争に世界のどこまでも付き従っていこうとしています。

そういうなかで何が起きているのか。

文科省は、いわゆる「集団自決」には軍命があったという記述を教科書から削除しようとしています。アメリカに付き従って世界のどこまでも行くためには、沖縄の人々の間にある、軍隊は国民を守らないという沖縄の人たちが体験した記憶を拭い去る必要がどうしてもあるのです。

また、沖縄では新しい基地がつくられようとしています。辺野古につくられようとする新しい基地に反対している人たちに対して、海上自衛隊の掃海母艦「ぶんご」が出動して威圧するということが、日常的に起きています。

あるいは一昨年、私の大学の隣の大学（沖縄国際大学）にヘリコプターが落ちました。そのあと一週間もの間、米軍に締め出されて学長が大学の中に入れませんでした。私は、私の大学にヘリが落ちたならば、私の許可なしには米軍を絶対に入れないということを、アメリカの大統領とその当時の小泉首相にすぐに宣言をせざるをえませんでした。そういう状況のなかに沖縄はあります。はたして本土の大学は、そして研究者は、そのような厳しい現実の中で学問のあり方を問うておられるでしょうか。日本の戦後社会の矛盾を沖縄に押しつけて本土が平和を謳歌する、そのような生ぬるい環境からは真に実践的な学問は生まれないのではないでしょうか。

そしていま、本土に沖縄が近づきつつあります。本土の沖縄化が進んでいるのではないかと考えます。そういう意味で、沖縄は日本のいろいろな状況を考えるうえでの大きな現場だと思います。

沖縄だけが現場ではありませんが、やはり現場でみなさんの学問と真剣に向き合っていただきたい。これが、宇井先生が残された言葉ではないでしょうか。

そういう宇井先生の思いを引き継ぎながら、いま私は沖縄で暮らして若者を育てています。右肩上がりの軍用地代の高率補助金など、沖縄では、基地を受け入れることに対するものすごく手厚い保護があります。これは麻薬です。この麻薬を復帰後三十五年、打たれ続けています。この麻薬から脱して、自らの二本の足で立って沖縄の未来を創っていくということが、宇井先生が沖縄大学に来られて、後進を育てようとされた仕事ではないのかと思っています。

私は沖縄の地で、そういう仕事をぜひ引き継いでいきたいと思っています。若いみなさんには、ぜひそれぞれの場所で現場と向き合っていただきたいと思います。

【二〇〇七年六月二十三日　自主講座「宇井純を学ぶ」の発言より】

宇井純の火の玉

三輪大介
兵庫県立大学大学院生

宇井先生が他界され、非常に多くの方が弔いの文章を書かれている。私にそのようなものを書く資格があるとは到底思えないのだが、学生の立場からの先生はまだ語られていないことに気がついた。先生に教えを受けた多くの学生の一人として、この文章を書いておきたい。非常に私的な話となるが、どうかお許しをいただきたい。

私が宇井先生に出会ったのは十七歳のときだ。宇井先生は私の高校の小さな教室の演壇で、沖縄の環境行政に対して怒っていた。「怒れる人」宇井純であった。その前の夏、私は白保に行っていた。当時、沖縄石垣島の白保は空港建設問題に揺れており、住民の反対を押し切って行われた強制測量では、機動隊が座り込みを続ける老婆をなぎ倒し、漁民の頭を硬いブーツで蹴り上げていた。かつて感じたことのない美しい珊瑚の海に対する感動と、当たり前のことがまったく当たり前でない、非現実的な世界に対する怒りが私の中で渦巻いていた。宇井先生の怒りと私の怒りがシンクロしていた。高校三年の私は大学に進学するつもりなどなかったのだが、沖縄でこの人に学びたいと、初めて進学を考えた。どういう因縁か、私の父は福岡で公務員（公害課勤務）をしており、かつて宇井先生にかなりこっぴどくやられた経験の持ち主であった。息子がいきなり「宇井先生の下に学びに行く」と言い出したのだから、気の毒な話である。

沖縄大学に進学した私は、早速宇井先生のゼミに入った。最初のゼミは山への一泊キャンプだった。酔った先生はドイツ語の歌を大声で歌っておられた。酔った先生に私は質問した。私は何を学ぶべきか。「歩いて考えろ」といった答えを期待していたが、それは「飲んでから考えろ！」だった。別の日、私はどのような本を読むべきか質問した。「イバン・イリイチの『脱学校化社会』、パウロ・フレイレの『被抑圧者のための教育学』、シューマッハーの『スモール・イズ・ビューティフル』、大学に進学する前に最低限このくらいは読んでおけ！」と烈火のごとく怒られた。その後も事あるごとに怒られた。怒られた記憶は枚挙に暇がない。かなり理不尽と思われるようなことも多々あった。突然電話がかかってきて、「今すぐ、石垣に行ってフランスの某とかという学者に会って来い」と言われ、友人に借金してまで石垣島へ渡ったがそんな学者は来ておらず、その旨報告すると「ばか者！　探せ！」と怒られた。探せと言われても、いない人は探せない。

しかし、忘れられない嬉しい思い出もある。当時宇井先生は築五十年以上かと思われる古い小さな一軒家を借りて、お一人で住んでおられた。先生の家に呼びつけられ、恐る恐るご自宅に伺うと、おでんを作って待っておられた。お世辞にもおいしいとは言えない先生お手製のおでんを二人でつつきながら、宇井先生の公開講座をしておられたころのお話をお聞きした。正直に言うが、無知だった私は宇井先生が語ってくださったことの半分も理解していなかった。それでもこんな不出来な学生を相手に話して下さったことが非常に嬉しかった。在学中、私は白保の住民運動に深く関わり、自分の白保に対する想いと住民運動の論理とのギャップに悩んでいた。仕方のないことではあろうが、運動している大人にとって学生は便利な存在であった。私は普通の学生で、みんなと同じように好きな音楽を演奏したり彼女とデートもしたかった。

しかし、運動はそういう余裕を与えてくれない。自然保護団体の全国大会が沖縄で開催されることになり、私はその専従を担う羽目になった。そんなことを宇井先生に話した覚えはないのだが、ある日事務所の留守番電話に先生からの録音が残されていた。「宇井です。頑張っているようだね、貴重な経験だからしっかりやりなさい」。そんなメッセージだったと思う。私が記憶している中で最も優しいお言葉だった。

私のような出来の悪い学生ばかりではなく、優秀な学生も宇井先生の下に集まっていた。私は大学生活の後半、大学から足が遠のいていった。インテリジェンスに対する不信、自分の生き方の問題等若者らしい悩みに浸っていたためだ。宇井先生は歩いて考えろとおっしゃった。私は愚鈍にずいぶんと長くあちこちを歩いてきた。そして三十歳を前にふとしたきっかけで大学の職員になった。大学はＩＳＯ一四〇〇一の認証取得をやると言い出し、私がその担当になった。今度は仕事の上で宇井先生とお会いすることとなった。私のもてる力全て出し切ってみたのだが、先生の評価は「六十点」。成績で言えば「可」は頂けたということだ。

その内、宇井先生は定年を迎え、最終講義となった。メディアは「反骨の学者」という見出しで取り上げた。先生の毒舌は老いてなお盛ん、舌鋒鋭く沖縄・日本の行政を痛烈に批判した。

久しぶりに先生の講義を聴講して、改めて十年も前におっしゃっておられたことの意味がわかるようなことも多かった。公害や環境問題に中立はない。中立を装ったものがいかにたちの悪い加害者となるか、私も少しだけ学んだということであろう。

世間では「公害の宇井」だが、宇井先生は常々ご自分のことを「技術者」だと言っておられた。宇井先生の水処理技術は、最終的にこれ以上そぎ落とすことが出来ないというくらいシンプルな構造になっていた。楕円形のプールに水車がひとつ回っているだけである。ひとつの槽でバッキと沈澱を行い、上澄みを流す。その試作品が大学で活躍しており、沖縄南部の養豚農家ではその最終モデルが活躍している。いかに安く、いかにシンプルにするか、宇井先生の「技術」はまさにシューマッハーの言う「適正技術」であった。

当時私がやっていた自主ゼミの講師を宇井先生にお願いし、ある日、飯屋でその打ち合わせをしていたときである。宇井先生はポツンとおっしゃられた。「俺には解らんのだ、なぜ（水俣で）人が人を差別しなければならなかったのか」。その日初めてわかった。宇井先生がなぜあれほど世間に対して怒りを持ってこられたのか、反骨でなければならなかったのか。今、先生は眠っておられる。私は宇井先生ほど優しい方に出会ったことがない。多くの名もない人々の無念のため、その優しさゆえに先生は怒りの火の玉となって半生を駆け抜けられた。冥福をお祈りします。「かつて宇井先生に教わった」と人様に胸を張って言えるように、いまさらですが一生懸命勉強します。安らかにお眠りください。

赤土対策などの遺志継ぎたい

平仲信明
第三十二代WBA世界J・ウェルター級王者

沖縄からきました平仲です。沖縄でボクシングジムで若いボクサーの育成のほか、赤土問題を中心に環境開発の仕事をさせてもらっています。宇井先生との出会いは、県庁で赤土問題の抗議活動をしている中で宇井先生と意見交換で直接争ったんですよ。ところが、宇井先生、僕に対して反発されないんです（笑）。僕は宇井先生との出会いは神様との出会いだと思うんですけれども、その後沖縄大学の近くの居酒屋で会ったんですね。そして宇井先生に「なんであのとき、僕に反論しなかったんですか」と聞きましたら、君が怖かったって（笑）。ぶんなぐられると思ったと（笑）。水俣とか新潟訴訟で相手側に平仲君みたいのがいたら、絶対僕ははむかわない、と（笑）。それから、あれだけ真剣にものを言えるというのを僕は初めて見た、と。実は、僕は日大の畜産学科に入りまして、化学をそれなりに勉強しました（笑）。ボクシングではおかげさまで世界チャンピオンになりましたが、関係ない話ですが、ボクシングの世界チャンピオンで大学歩いてるのは何人もいないんです（笑）。

僕は今日、本当に宇井先生に手を合わせたいと沖縄から来ましたが、一つだけ、奥さんに謝らなければならないことがあります。宇井先生には酒飲んだとき、タバコをいつも吸わせてました。本当に僕が宇井先生の寿命を短くしたかもしんないです。そのくらい僕、宇井先生にはかわいがってもらって、実は自分のおじいちゃんもおばあちゃんもいないこともあって、じいちゃんと孫みたいな関係でかわいがってもらいました。

僕は、豚の堆肥や牛の堆肥がある中に、つっこんでいったんですよ。ほんとに目まいがして、もし倒れたら新聞に、「世界チャンピオン、堆肥に埋もれ死ぬ」なんて書かれたかもしれないけれど、それくらい僕は真剣勝負やりました。そのときです。宇井先生が突然、「平仲君、どのくらい自信があったら世界チャンピオンに挑戦するの？」って聞かれ、「三十％の確率があったらやりますよ」とお答えしました。その時に「実は日本の学生、ま、特に東大とは言わないけれど、自分の勝率の悪さに対して挑戦するハートがない」。そして、「根性がない、バカになってつっこんでいく生徒がないんだよ」と言われました。プラスアルファしか考えないけれど、そういう意味で「東大からノーベル賞は取れないんだ、日本の科学はそうなんだ。でもその中で平仲君が三十％の確率があれば勝負すると言ったことは評価したいね」と言われたことを昨日のように覚えています。

そういうことを僕に言われたことと、あとは、生意気かも知んないけれど、宇井先生の遺言と捉えているのですが、沖縄で「宇井基金」を作って、赤土問題など沖縄の環境問題に貢献する研究をしてくれる学生に勉強してもらいたいと思っているんです。反対派の気持ち、賛成派の気持ち、両方知らないといけないと言っていたようですが、日本の環境や汚染をなくしていく、公害をなくすビジネスに取り組んでいきたいと思っています。

そして、最後に一つだけ言いたいのは、なぜ宇井先生がノーベル賞を取れなかったかということです。これだけやったら、ノーベル賞取って当たり前じゃないですか。違いますか？　それぐらい僕は好きだったんです。もう一つすみません。僕は弟（注：信敏氏。有望視されていたが日本フェザー級チャンピオンのときに事故死）が死んだときにも涙流さなかったけれど、宇井先生が死んだときはくやしかったです。学生さんや若い方々にお願いします。宇井先生のこの志を、夢をもって環境のありがたさ、自然のありがたさなどいろんなことを学んでください。僕は沖縄で赤土に関わる沖縄のサンゴを守ってくれたのは宇井先生だと思ってるし、僕は頭はよくありませんが、どうにか先生の志を持って、がんばっていきたいといま自分に誓っています。

東大のボクシングの選手の指導もし、いずれ世界チャンピオンも作っていきたいと思うし、栃木からは偉大なる世界チャンピオンのガッツ石松も出ています。そして、科学、環境の世界チャンピオンの宇井純も栃木で育ちました（笑）。ありがとうございました（拍手）。

【二〇〇七年六月二十三日「偲ぶ集い」の発言より】

宇井先生の思い出

砂川かおり
沖縄環境ネットワーク世話人
元私設秘書

私が宇井純先生に初めてお会いしたのは、一九九四年の夏のことでした。あれから十二年。研究活動、環境運動など様々な機会を通して、先生からは多くのことを教えていただきました。泡盛がお好きだった先生はよくゼミや集会が終わると、沖縄大学に近い料理屋で学生たちに夕飯を振る舞いながら、科学、政治、教育、市民運動などいろいろな話をして下さいました。酔っても議論が大好きで、どんな場面においても常に科学者であり、教育者でありました。特に、三つのことが思い出されます。

憎まれ役を買ってでも、環境保全に尽力

沖縄県では、施政権が日本に返還された一九七二年以後、日本本土との経済格差を埋めるために、道路建設、農地改良、埋立、空港建設などの大規模な開発が急速に行われました。しかしながら、それらの開発は環境への負荷が大きく、その影響を軽減するためには、時に開発行政への批判も必要でありました。

ある時、先生は沖縄県の環境行政で気になることがあり、新聞の論壇に投稿すべきかどうかを悩まれて私に相談されたことがありました。先生はしばらく考えてから、決心したように原稿を書き始めました。耳の痛いことを言う宇井先生を煙たがる沖縄県庁職員もいらっしゃいましたが、先生は、「煙たがられても、憎まれ役を買ってでも過ちは指摘する」。それが科学者の役割であることを認識し、行動を通してそれを実践する人でした。また、沖縄県環境審議会の委員から外されても、大学の授業の合間に審議会を傍聴し、問題を指摘し、積極的にロビー活動を行っておられました。先生のこのような活動は、環境運動に携わる方々に勇気を与えるものであったと思います。

仕事に真心をこめること

沖縄環境ネットワークが設立二年目を迎えた一九九九年、私は私設秘書として宇井研究室に勤めました。沖縄環境ネットワークの当時の会員数は二百五十人ほどでありましたが、一年間でその会員を七百人近くに増やすことができました。その影には、先生の地道な勧誘活動がありました。先生は、毎年五百枚以上の年賀状を受け取っていらっしゃいました。そして、「公害運動の仲間の皆さんは、必ず基地や環境の問題で苦しんでいる沖縄の人々のことを応援してくれる」と言って、その年賀状の送り主に、入会案内を送っておられました。また、会報を郵送する際には「料金別納」のスタンプではなく、きれいな記念切手を手作業で貼って送付されました。「このような会報を受け取る人たちは、他にも沢山の郵便物を受け取るので、最初に手にとって封を切ってもらうためにはきれいな切手を貼ると効果がある」と説明してくださいました。七百通の封筒への記念切手貼りは大変な作業であり、非効率でありましたが、先生は送付作業を夜遅くまで手伝ってくださいました。切手を通して、必ず受け手に真心が伝わると、先生は信じていたのだと思います。そして、会員が増大したことが、先生の仕事のやり方の正しさを証明してくれました。

若者を育てる

日本では、どのような市民組織でも、メンバーは年功序列で役割が決まる傾向にあります。市民運動などでも、企画は先輩方が担当し、若者には雑用が回ってきます。しかし、宇井先生は若い人の意見や役割を尊重して下さいました。例えば、一九九六年に日本環境会議沖縄大会開催に際し、私は「青年と環境」分科会の設置を企画委員会に提案しました。「青年の問題意識は壮年のそれとどう異なるのか」と議論になりましたが、先生は最後まで若者の意見を支持して下さいました。恐らく、世界会議で各国の青年たちが活躍していることをご存じだったのでしょう。また、国連の会議などにもよく派遣していただきました。

宇井先生が沖縄を去られてから、沖縄県政に対して苦言を呈する学者は減りました。政治が混沌としている今だからこそ、科学者は真理を探究し、人々のために役立つべきです。先生の志を少しでも受け継げるように、微力ながらがんばりたいと思います。

現場主義とローテク技術を教えてくださった宇井先生へ

真喜志好一
沖縄環境ネットワーク世話人
建築家

一九八六年七月、新石垣空港埋立事業の環境への影響を評価する準備書を沖縄県が縦覧し、八月に学者たちがその準備書の非科学性を指摘する集まりを沖縄で開きました。その春に沖縄大学教授に赴任した宇井先生も発表者の一人でした。お会いしたその日から、勝手に「宇井先生の沖縄の弟子」と名乗っていることをお許しください。

白保の新石垣空港の当初の計画はサンゴ礁の海を埋めて長さ二五〇〇メートルの飛行場を作る計画でした。同じようにサンゴ礁を埋めた新奄美空港の海域調査の必要性を「沖縄・八重山・白保の海とくらしを守る会」の会議で宇井先生が指摘し、サンゴ礁の海の定点写真を撮り続けていた吉嶺善二さん（九七年九月急逝）が工事中の新奄美空港周辺の海中写真を撮り、メディアに発表しました。埋め立て地周辺のサンゴ礁は泥に覆われていて、「埋立てによる周辺海域への影響は軽微」という環境アセスの結論のでたらめさを実証し、白保海上の埋立て計画を撤回させる大きな要因になったと思います。「現場に立て」という宇井先生の教えの正しさを実感しました。

サンゴ礁の海にそそぐ「赤い水」と有機物汚染による「黒い水」を止めることが、緊急の課題だ、先生は口癖のようにおっしゃっていました。

それで、「畜舎排水の黒い水は処理できるのでしょうか?」と問うと、実用的な処理池が稼働しているので見てくるように、とのお答え。数万羽の養鶏場でブロイラーの排水を処理している池を比嘉敏君（九六年一二月急逝）と見に出かけ、その仕組みの単純さに驚き、二人して目を見合わせました。直径一〇m、深さ二mほどの素掘りの池に土崩れ防止用にブルーシートを張り、養鰻場で見かける水車を回しているだけでしたが、高濃度の有機物を含んだ汚水は微生物が分解し、沢に流せるほどに浄化されていたのです。水車を回して空気を吹き込み、酸素を好む微生物に有機物を食べさせ、水車を止めて空気の嫌いな微生物にさらに有機物を食べさせる、そのサイクルを一つの池で繰り返すことが、有機物を分解し浄化する原理だと、ローテクではあるが微生物の力を借りた確実な汚水処理を初めて知りました。九九年の沖縄県畜産試験場で豚舎排水処理用の池が完成の後、「沖縄型・回分式酸化溝」として、沖縄県内で宇井先生の指導で多くの処理池が完成し、沖縄環境ネットワークで冊子も発行しています。残念ながら沖縄県の行政的な支援は得られていません。

しかし、長崎県中央家畜保健衛生所の季刊誌（二〇〇三年七月・一二五号・同保健衛生所のホームページでも公開されている）では次のように沖縄方式として紹介しています。

——大村市では、二戸の養豚農家が周辺の耕種農家と共同で「長崎県家畜ふん尿処理施設緊急整備事業」により尿処理施設（液肥処理施設）を整備しています。

施設の処理方式は、酸化溝型回分式活性汚泥法（いわゆる沖縄方式）で、簡易な構造と低ランニングコストが大きな特徴です。——

沖縄発のローテク技術として評価されているのです。

二〇〇五年八月、韓国の人々と、日本の人々が一隻の客船に乗り、ともに地球環境と平和を考え、語り合うピースボートの北東アジアの船旅に上海から沖縄までの案内人として私も参加しました。韓国から上海までの水先案内人として乗船しておられた宇井先生に出会えたのは望外の喜びでした。蘇州への一日のバスツアー、道中の会話は「沖縄の北、辺野古《へのこ》の海に米軍の新しい飛行場を作る計画をどのようにつぶすか」に終始しました。上海港での別れが最後になった宇井先生の教えのもとで、辺野古の人々と一緒に、この軍事空港計画は撤回させます。

宇井さんの沖縄での足跡

内海正三
沖縄環境ネットワーク会員

一九八六年に沖縄大学に赴任して、直ちに宇井さんは新石垣空港問題にかかわることになる。東京大学時代から金武湾の石油備蓄基地反対運動にかかわっていた経過から、空港予定地とされた石垣市の白保の住民や反対運動グループが、沖縄の住人になった宇井さんに運動グループの弱点である理数関係での役割を期待したことに応えるものであった。具体的には、沖縄県や石垣市、そして環境コンサルタントから開示される情報に、科学的な評価をし、豊かな白保の珊瑚礁を守ることであった。

当時の沖縄県や石垣市は、設計図が瓜二つと言われた新奄美空港の例を挙げ、海域を埋め立てて空港を建設しても付近の珊瑚礁は工事の影響を受けず維持されると繰り返し公言していた。しかし、実際は新奄美空港の付近の珊瑚礁は全滅しており、その事実を県が依頼した調査によって明確になっていたにもかかわらず、その調査報告を隠して嘘の発表をしていた。埋め立て工事であるにもかかわらず、工事期間の台風、津波、地震、大雨等の影響を排除した計画であること等、出鱈目なアワセメントであった。

科学者として宇井さんは基本的な指摘を行い、本来ならば行政はそれらの指摘に答える義務があった。しかし誠実に対応すれば、新石垣空港は頓挫するので、宇井さんに危険人物としてレッテルを張り、その意見を無視する態度に出た。何人もの県庁職員から宇井さんとはかかわりを持たないという声を聞いた。

赤土汚染の基準を審査する沖縄県環境審議会でも、業者寄りの緩い基準を批判する宇井さんを外す形で赤土防止条例が決められた。しかしこのことは宇井さんの悲劇なのであろうか。同じように他の審議会で、沖縄県の計画を批判した琉球大学農学部の福仲憲教授も、五つほど関わっていた審議会や委員会の全てから外された。行政の顔色を窺う学者で固めた審議会や委員会が、沖縄の豊かな自然環境をコンクリートとアスファルトの島に変えたのである。

宇井さんは、それまで島内に止まっていた白保の珊瑚礁を守る運動を、一九八八年に中米コスタリカで開催されたＩＵＣＮの総会に持ち込み、開発反対の決議を取り付けるという国際派として新しい視野を持ち込んだ。私たちにも、今後は英語くらい話せないと巨大な敵に太刀打ちできないよと発破をかけた。宇井さんが来沖して以来、毎年のように国際大会を開催し、そのつど英語に悩まされることになった。

玉野井芳郎さんもそうであったが、宇井さんも美術を愛する人で、金城美智子さんの水墨画にはことのほか感銘を受けたようで、報告集の表紙や中扉に採用したりした。また、旅行をする度に各地の記念切手を大量に買い込み、友人や支援者への連絡に使用した。沖縄環境ネットワークの監査役をしている私としては、手持ちの現金も少ないのに、毎度記念切手を購入するので、ひやひやした思い出もある。

科学者としての宇井さんは、白黒を明確に示し、時として愛想がないと感じるほどであった。沖縄で活発な活動をしている有用微生物利用グループから、同じように自然保護を考えているから、有用微生物の活用に協力してほしいと依頼があった時も、結果が良くても、使用している微生物の内容が情報公開されていないから再現性の試験ができないので、だめだと回答した。

また回分式酸化溝の普及に努力している時に、密閉式の薬品処理装置による畜産排水処理を行う業者から評価の依頼を受けた時も、運用実績が無い段階で評価はできないと返した。維持可能な地域社会のシステムを構築する上で、繰り返し現場の状況チェックを怠らない宇井さんの姿勢は、本来技術者すべてが必要とされる資質である。日常の忙しさから、ついつい適当な所で妥協しがちな私は、少し巻き舌の「それじゃだめだろ！」という宇井さんの声を背中に感じ、日々反省している。

未来への布石

きょうのこの人の輪、〝すごい存在〟の証左

柳田邦男
ノンフィクション作家

最近、何度か水俣を訪れましたが、そのつど湯の児温泉の宿に泊まります。その時、色紙を書いてくれと言われまして、思わず手が動いて「山は青きふるさと　水は清き水俣」と書いてしまいましたら、宿屋のおかみさんがとっても喜んで下さいました。振り返ってみれば、宇井さんにお会いしたのは一九七〇年でした。当時私はまだ若くて、三十そこそこくらいで、NHKで報道をやっておりました。で、環境問題を取り上げるために宇井さんの『公害の政治学』という本を読みました。それからお会いしましたけれども、やはり私自身の時代認識というのが本当に鈍感でありまして、その問題の深刻さを理解してもそこに自ら飛び込んで、生涯のラ

イフワークにするようなあり方を持っていたわけではなくて、その後はつかず離れずという形で宇井さんがなさっている自主講座や執筆されたものについて、絶えずウオッチしながら学んで参りました。

最近では水俣フォーラムがありますと、沖縄からやってきてご挨拶するという形でございましたけれども、やはり三十数年を経て振り返ってみますと、一人の人間がやることというのはそうたいしたことはできないんですけれども、やはり宇井さんというのはすごい存在だったんだなと、思わずにはいられません。きょうも千人を超える人が床を踏み抜かんばかりに集まって、人の話も聞けないくらいですから（笑）。みなさん、懐旧談にふけっておられますけれども、まあそれもまた一つの宇井さんが残したものかなと。無責任な言い方しますと、つかず離れず絶えず意識のどこかにその人の存在を持っていると、その人が亡くなっても、相変わらず活き活きと自分の中でまだ生き続けている。

なんか通俗的なライフサイクルで言いますと、男は定年を過ぎると、だんだん下り坂、粗大ごみ扱いされて、奥様たちから、「粗大ごみ、朝に出しても夜戻る」なんていわれている方もいらっしゃる。まあそういうことで終わって、死をもって命は終わると言われるわけですけれども、私は最近それには疑問を持っております。人間というのは精神性を持って生きるからこそ人間であるのであって、定年で下り坂なんていうことはない。あるいは年老いて下り坂なんていうことはない。むしろ年老いてこそゆっくりと成熟の上り坂を登っていくんだし、死をもって終わらない。きっと死後残された人々あるいは関わった人々の心の中で本当の精神性を持った命、人がこの世で残した証を受け継いで生きるという意味でですね、死後もなお命は続くんだろうと、そんなことをつくづく思うようになりました。

宇井さんのように若くして化学の道から気付いたことを本当に偽りなく生きようとすれば、すばらしい人生が開かれるんだなあということを学ばしていただきました。で、私自身は人間がいろいろとこの世に残すものについて関心があって、種をまく人々、ということでこの十年来いろいろな人との出会いを書きたいなと思いながら、なかなか成就できないんですが、またそういう意識を持ちますと次から次へと人の輪が広がって、すばらしい人、この世を支えている隠れた人、そういう人に会えば会うほど、人の輪が広がってこれは全百巻になってしまうというぐらい、心の中での充実感があります。

私は、今年七十一歳になり、果たしてこの作品は出来るのかどうか分かりませんが、私自身のことだけを考えれば本当に恵まれた、出会いのある人生を歩むことが出来たな、そんな中で大きく一等星のようにシリウスのように輝く人々が何人もおられるんですけれども、宇井さんもその一人でございます。おそらく今日集まった方々、年齢差で言えば、五十歳くらいの幅のある方々がお集まりになったと思うんですが、これから若い人へいろんな形で我々伝えていかないといけないと思うんですね。

で、今私が「水俣」にできることはなんであろうか？　大して何もありませんけれど、言うならば遅れてやってきた青年みたいなもので、大したことはできませんけれど、一つ気付いた点は今、〝もやい直し〟がとても大事になってきた。被害者患者を差別した市民と被害者患者がお互いに人間として手を結び、絆を結び直す。あるいはチッソとチッソ以外の人とそういう人たちがもやい直しをする。みんな大事です。けれど、もやい直したその次になにがあるのか？　手をつないで仲良くなれば、町は良くなるのか？　よく考えてみるとその先を考えなきゃいけない。その先とは何かと言えばこれからの時代を生きる若者であり、子供である。そういう人たちが本当に、水俣の地をふるさとと思い、良い所で生まれ育ったと思えるようなそういう町づくりにつなげていくもやい直し、これを考えなきゃいけない。

その具体的な方法として私は、大人も子供も絵本に親しみ、絵本を媒体にして本当に子供たちが健やかに心育ちをするような、そういう環境づくりならお役に立てるかな、と考えています。時々水俣を訪れてその関係の話を行政の人や教育界の人、あるいは「ほっとはうす」の加藤さんやいろいろと活動なさっている方々と交流を深めております。

そこまで展望を広げたもやい直し、ということにほんの一助でもできれば、少しは宇井さんから刺激を受けたものも私なりに生かすことになるのであろうかと、そんなふうに思っているわけでございます。みなさま、本当によくぞ今日はお集まりになりました。ご清聴ありがとうございました（拍手）。


【二〇〇七年六月二十三日「偲ぶ集い」の発言より】

気が付けば宇井純

井上　真
東京大学大学院農学生命科学研究科教授

不勉強を白状しよう。学生時代には、同じキャンパスの中で自主講座を主催していた宇井純のことをよく知らなかった。大学卒業後、熱帯林減少問題の解決への貢献を志し、国立研究所の研究員となった。そして、カリマンタン（ボルネオ島）に三年間滞在し、奥地の先住民の村などを訪れてフィールドワークをおこなった。人々の懸命かつ賢明で、凛とした生き方、様々な輩が行き交い利益を貪るダイナミズム、といった現実に圧倒された。それを契機として様々な思索を繰り返してきた。現場でなければ見えないことがある（現場主義）。しかし、現場だけでは見えないこともある（自分のフィールドの相対化の必要性）。現実をより深く理解するためには一つの学問分野に拘泥せず（学際研究の必要性）、綿密なデータに基づいて自分なりの筋道を立てる必要がある（実証データと論理的思考の重視）。これらはすでに自分の中ではそれなりに決着した課題だ。しかし、調査地の人々が直面している問題に対して「人々の立場」に立つとは何を意味するのか（研究の中立性や社会的公正の取り扱い）。

私たちは宇井純をもっと咀嚼し、自らの研究に引きつけて考える必要がある。気が付けばそこに大きな宇井純がいるではないか……。若者たちよ、今からでも遅くない（いや今だからこそ）、宇井純を学ぼう。

【出典　二〇〇七年六月二十三日　自主講座「宇井純を学ぶ」冊子】

宇井さんの生き方から学ぶ

吉岡　斉
九州大学大学院比較社会文化研究院教授

私は宇井さんから何を学んだのか、という問いに答えるためには、私の今までの仕事の全体としての流れを整理し、その中で宇井さんに影響を受けた部分を述べるという形をとるのが適当であると考える。

私が「科学技術批判学」の研究者を目指すことを決めたのは、一九七五年秋のことであった。そのさい模範としたのは科学史家の広重徹であった。今日的な表現でいえば、科学技術に関連する事業・政策・思想・言説などの「歴史的アセスメント」を進めることを、二十歳代前半の私は、基本課題として定めた。実用や実生活との距離の遠い領域を科学技術の「上流」、近い領域を「下流」と呼ぶならば、私は「上流」に興味があった。それゆえ若者の頃に最も力点を置いた対象はビッグサイエンスであった。また当時の私は、アセスメント自体を重視しており、改革方針の提案や、改革へ向けた実践活動を重視してはいなかった。

それから約三十年が経過したが、若者の頃に定めた基本課題は今に至るも、本質的には変わっていない。ただし以下の三点においてそれなりに進化することができたと思う。

（一）「上流」への興味を堅持しつつも、「下流」へと守備範囲を広げてきた。

（二）公共政策決定過程（原子力・エネルギー関係の政府審議会）にプレイヤーとして参加するようになったのを契機に、政策選択方法論の整備を進めた。それは公共利益の観点からの政策選択肢の総合評価を行なうという様式のものである。

（三）実践活動も重視するようになった。政府審議会における公共政策論争への関与、（それと連動させた形での）公共政策改革に関連する社会運動への参加・協力、市民科学助成活動への参加、等である。その特徴は国家・企業対民衆という二元論的図式ではなく、多様な存在を認めるステイクホルダー多元論の立場に立つことである。

（一）は主として、中山茂の主宰する現代日本科学技術の社会史のプロジェクト研究

（一九八六年から一九九九年。二〇〇五年に筆者の主催する後継プロジェクト発足）に参加することを通して、大きく促進されたが、（二）（三）は、上記プロジェクト研究推進の必要にも促されて、原子力問題に本格的に取り組みはじめることによって、大きく促進された。

原子力問題に取り組む上で、私が最も大きな影響を受けたのは、在野の核化学者の高木仁三郎である。

公共政策論の世界への深入りの最初のきっかけは高木氏が提供したものである。ただし原子力政策批判論の様式は、サポートし合う人脈の本質的な類似性にもかかわらず、高木氏とはかなり異なるものとなった。

また実践活動では、高木氏の進めてきた国際連携による政策批判活動を発展させて国際リアルタイム政策評価を推進した。また高木基金（二〇〇一年発足）の初代選考委員長（３期６年にわたる）をつとめた（現在は顧問）。ただし基本的に二元論の発想をとる高木氏とはやや異なる多元論的ネットワークを重視した。こうした運動論においては、ベンチャー運動家兼企業家の飯田哲也から学んできたことが多い。

さて、宇井純の仕事について私は、水俣病をはじめとする公害問題の解明・解決の先頭に立つリーダーとして、また自主講座運動の創始者として、若者の頃から敬意を抱いていたが、宇井氏の仕事を自分の仕事の模範として役立てようという問題意識はなかった。なぜなら宇井氏の仕事は、ご自身も述べているように、筋立てた理屈の構築を目指すものではなかった（理屈よりも行動の人であった）。また私が科学技術の「上流」に興味があるのに対し、宇井氏は「下流」それも河口近くに興味をもっていた。さらに私にはチッソ・行政・御用学者などの悪徳はあまりにも明白であり、「科学技術批判学」によってさらに深める余地があるような事柄ではないように見えた（もっと微妙なグレイゾーンに私は興味があった）。

その頃、宇井氏は私のことを観念論者だと思っていたらしい。社会経験の浅さに加えて私が得意とする科学技術の「上流」部分が、宇井氏のいう「現場」（実用や実生活の場）とは遠く離れたところにあったことも、そうした印象の背景にあったろう。

その後、私もそれなりに進化してきた結果、宇井氏と話が通じ合う部分は増大したが、ある種のよそよそしさが消えず、話が沸騰し大いに盛り上がった経験はない。これは私が聞き上手ではないことに加えて、宇井氏も私の原子力の話に乗ってこなかったことの結果である。私の原子力の話が、政府審議会の意思決定の経過と内容など、「上流」（ここでいう「上流」は、実用から遠いという意味ではなく、市民の実生活から遠いという意味である）の話に傾きがちであったことも、宇井氏の興味とずれていたのかも知れない。しかし私は宇井氏自身が寡黙な人であり、経験外・専門外のことについて多くを語らない人だったと思う。

最後に会ったのは、二〇〇四年六月二十日に新宿で開かれた高木仁三郎市民科学基金の第二回成果報告会の場であった。宇井氏は記念講演「市民の科学とは何か」の演者であり私は選考委員長であった。宇井氏は講演のなかで、ご自身の人生経験と関連づける形で、種々の話題を取り上げた。冒頭で「彼（高木氏）は学者、俺は職人」と述べたことが印象的であった。市民科学について宇井氏は、市民による公害計測運動や、汚水処理の適正技術開発について話されたが、原子力についての言及はなかった。宇井氏は、助成対象者による成果報告に夕刻までつきあって下さり、随時急所を突いたコメントをしてくれた。その後の懇親会にも最後までつきあって下さった。

宇井氏は、荒廃し修羅場と化した「現場」に乗り込み、「被害者の立場」から問題解決に献身した、類まれな有能な「職人」として、歴史に燦然と輝いている。

私の認識では、原子力委員会もまた荒廃した「現場」であり、そこで闘うには「被害者の立場」に立つ「職人」とは異なるアプローチが必要となる。その意味で宇井モデルは普遍性をもつとは言えないが、若い世代の方々には、宇井さんの後追いをするのではなく、「どんな立場にいてもやることはある」という宇井さんの言葉を創造的に受け止め、それぞれの現場で、自分に合った独自のアプローチを生み出していくことが期待される。

【出典　二〇〇七年六月二十三日　自主講座「宇井純を学ぶ」冊子】

「宇井純公害問題資料コレクション」について

藤林 泰
埼玉大学共生社会教育研究センター准教授

コレクション誕生の経緯

二〇〇三年四月、沖縄大学を定年退職された宇井純さんからダンボール二百四箱の公害問題資料が埼玉大学共生社会研究センター（名称は当時）に寄贈された。宇井さんがおよそ三十五年にわたって収集してきた貴重な資料群である。

埼玉大学共生社会研究センターが、二〇〇一年十月の開設以来収集してきた「人びとの記録（全資料集三十数万点）」は、労使関係資料と高度経済成長期以後の市民活動資料という大きく二つの分野からなる。このうち市民活動資料は、一九七〇年以降の市民運動、住民運動、消費者運動、環境運動、NPO・NGO活動などの現場から生み出された二十万点を超える機関誌その他の一次資料であり、この分野では国内随一の規模となっている。これだけの規模の資料の重要な柱となっているのが、アジアを中心に国際的ネットワークを持つNGOであるアジア太平洋資料センター（一九七三年設立）から継続的に寄贈いただいている海外の市民活動資料と、二十五年間の活動を経て、二〇〇一年十二月に惜しまれつつ解散となった住民図書館（丸山尚館長）から受け継いだ国内の市民活動資料である。

ここに新たに「宇井純公害問題資料コレクション」（以下、「宇井資料」）が加わることになった。

その年二月、私は、「自主講座」の活動について話をうかがうために沖縄大学に宇井さんを訪ねた。その折り、以前からの友人で沖縄大学地域研究所専任所員であった家中茂さん（現在、鳥取大学地域学部准教授）の仲介で、突如資料寄贈の話が浮上し、瞬く間にまとまった。私にすれば、夢を見ているような急展開であった。定年を間近にした宇井さんの側に、沖縄大学のスペースを占有していた大量の資料の移動先を急ぎ探さなければならないという事情があったにせよ、すべてが偶然というわけでもなかったようだ。かつて公害反対運動の調査を進めていた宇井さんは、住民図書館に何度も足を運んで住民運動資料を調べている。丸山尚さんとも懇意となった。そうした住民図書館に対する信頼が背景にあったからこそ、この話がまとまったのだろう。

コレクションの概要

およそ五万点を超えるであろうと予測している「宇井資料」は、大きく六グループの資料群から構成されている。以下、グループごとの内容と資料点数を紹介する（ただし、記載した資料点数は二〇〇五年十月までにデータ入力した数であって最終確定数ではない）。

（1）新聞記事切り抜き
一九六〇年代半ばから九〇年代前半までの公害問題関連記事
スクラップブック一七〇冊＝一万一千三百七十一点
（2）テーマ別ファイル
「水俣」「公害研究会」「広田湾」など時々のテーマ毎に収集ファイルした冊子、報告書、抜き刷りなど、なかには「富田八郎」のペンネームで連載した『合化』の抜き刷りや、「大学論」の討論のなかから生まれた「ニセ学生通信」ファイルもある。

六〇二ファイル＝一万二千三百十三点

（3）市民団体発行誌

公害問題、環境問題を活動分野とする市民団体の発行誌

一二四七タイトル＝一万一千二百七十五点

（4）会議・講演会関連資料

ストックホルム会議、カナダ・ハミルトン会議などの配付資料、報告書など

（5）公害問題関連書

国内・海外で発行された図書・雑誌約三百点

（6）原稿・書簡・私的資料

多様な媒体への投稿原稿、市民団体からの書簡など。なかには、東京大学在職中に本郷キャンパスで配られたビラの収集ファイルもある。

以上のうち、データ入力の終わった資料点数は、三万六千二百七十二点（二〇〇五年十月三十一日）に上る。

コレクションの今後の課題

埼玉大学共生社会研究センターにおける「宇井資料」の整理は、全体の三分の二を終えたところである。もともと、宇井さんが自分の研究用に整理されてきた資料であるため、必ずしも体系的にファイリングがされているわけではない。その個性をできるだけ生かしながらのファイルと個別資料の補修、データ入力、データベースの改善、配架など時間のかかる作業が続く。今後の大きな課題として、この貴重な資料群をより有効に活用していただくために、どのような資料情報をどのように提供していくのか、そのニーズを把握していくことが求められている。ニーズの把握には、利用者の方々の意見が鍵となる。

ぜひ、お越しいただき、大いに利用し、大いに注文をつけていただきたい。

追記　データベース化された資料情報は下記のサイトで検索できます。まだまだ不備があり、改善点も多く残されています。お気づきの点を指摘いただくようお願いします。

http://www.kyousei.iron.saitama-u.ac.jp/mysqltest/ui_collection_beta.html

【出典　『宇井純収集　公害問題資料——復刻「自主講座」』別冊解題（すいれん舎）】

富田八郎と環境三四郎

山下英俊
一橋大学大学院経済学研究科専任講師

宇井先生と初めてお会いしたのは、私が大学二年生の一九九三年五月、「環境オープンゼミ」というインカレの学生団体が開催した第一回の環境オープンゼミの場だった。宇井先生の講演の中では、自主講座での経験を踏まえ、研究者として、あるいは学生として、大学で環境問題に取り組むための方法論と心構えを語った部分が強く印象に残った。大学の研究者、特に国立大学の研究者は身分保証があるので自由に研究ができる。しかし、その自由を公害・環境問題の被害者のために役立てようとするものは少ない。一方で、自主講座のように大学を拠点として全国の公害運動を支援した実例もある。言外に、学生として環境問題に関心を持つのであれば、相応の覚悟を持って実践的な活動をすべきというメッセージを感じた。私自身は、当時、大学を、知識を与えられる場、将来の進路（職業）を考える猶予時間という程度にしか考えていなかった。この講演が、実践の場としての大学の可能性を考える大きな契機となった。

一九九三年の十月、ゼミを通じた友人だった泉岳樹君から誘いを受け、環境サークル「環境三四郎」の立ち上げに参加することになった。当時、泉君は発足直後のA SEED JAPAN（青年環境NGO）に所属し、「きゃんぱすえころじー実行委員会」の下、東大でキャンパス・エコロジー活動（大学を一つの社会ととらえ、その中で環境改善活動を行うことで、実社会で環境問題に取り組むための経験を積むことを目的とした活動と理解している）を実践する受け皿として「環境三四郎」を構想した。泉君が、地球環境問題に対する関心の高まりの中でアメリカから導入された理念に依拠して、大学で環境問題に取り組む意義を見いだしたとすれば、私は、先に宇井先生から与えられていたメッセージに対する自分なりの回答として、活動への参加を決めたといえる。

初期の活動内容は、キャンパスのごみ拾いや生協のコピー機での両面コピー利用の普及啓発、大学環境調査（大学の電力や水の消費量、廃棄物の排出量の調査と、大学における環境関連講義の実態調査）など、後輩たちの実績から比べると初歩的なものが多かった。しかし、大学環境調査により、東大には環境問題を正面から扱った講義が存在しないことが確認されたため、環境問題をテーマとしたオムニバス講義の開講を支援する活動を新たにはじめることになった。自分たちが講義を聴きたい先生方と交渉し、趣旨に賛同してくださった先生方の日程を調整して半期分の講義日程を用意し、顧問の先生（当時は高野穆一郎先生）を通じて学部の正規の講義として登録していただくことで、一九九四年冬学期からテーマ講義「環境の世紀　未来への布石」として開講された。私自身にとっては、いわば自主講座公害原論の再生を目指した活動の第一歩であった。

大学院に進学してからも、折に触れて後輩たちの活動への協力を続けてきた。ごみ問題について、夏休みの自主調査をまとめ上げて学会発表を行い、割り箸問題においては必ずといってよいほど言及される報告書を作るなど、後輩たちのめざましい活動に刺激を受けた。長期的な展望の下で「環境三四郎」の可能性を考え、「環境三四郎」は二十年後には「日本最大の調査研究型環境ＮＧＯ」であり「東京大学環境学部」でもある、そういう組織を目指すべきだと論じた。すなわち、二十年後、「環境三四郎」の関係者には、下は大学生から上は四十代半ばの企業・行政・大学などの中堅までが揃う。その人的ネットワークを活かして環境問題に関する調査研究や政策提言を行うことは可能なはずである。また、学生は「環境三四郎」の活動に参加することを通して、環境問題に取り組むために必要な知識や方法論を身につけることができるはずである。前者がNGOとしての「環境三四郎」であり、後者が環境学部としての「環境三四郎」であると考えた。

博士課程に進学し、公害研究委員会や日本環境会議の活動のお手伝いをさせていただくようになって、私が目指そうとしていた組織が東大の外には二十年以上前から存在していたことを知った。まさに井の中の蛙であった。宇井先生ご自身とも、環境会議の活動の中でご指導いただく機会を得た。後輩たちにも紹介し、二〇〇一年度夏学期のテーマ講義「環境の世紀Ⅷ」に出講いただき、「駒場の学生にできること」と題して講演していただいた。ちなみに、宇井先生が東大の正規の講義で講演されたのは、管見の限り、大学院新領域創成科学研究科環境学専攻（当時）の石弘之先生のゼミ（二〇〇〇年度冬学期）が初めてで、このテーマ講義が二回目。三回目が、私が非常勤で担当した教養学部（後期過程）の二〇〇四年冬学期の地球環境論Ⅰだったと思われる。これらのうち一回目と三回目は連続したゼミ・講義の中の一回をゲストとして担当していただいたものであり、シラバスに明示されるかたちで講義を担当されたのはテーマ講義だけだったのではないか。その際、学生へのメッセージとして、自分たちで環境問題の教科書を作ることを強く訴えられた。十年計画くらいで内容を更新・充実させながら、最低限押さえておかないといけない客観的な事実（たとえば水俣病もみ消しに東京大学が荷担したこと）をまとめるとよいとおっしゃった。

このメッセージを直接受け取った後輩たちの世代は、努力はしたもののメッセージに応えることはできなかった。しかし、後輩たちの間を引き継がれ、二〇〇五年に『エコブームを問う――東大生と学ぶ環境学』（学芸出版社）が「環境三四郎」の編集で出版された。この本は、二〇〇四年度夏学期のテーマ講義「環境の世紀XI」の講義録をベースとして、当時の中心メンバーたちが編集したものだった。

たまたま、このテーマ講義では私自身も講師となり、「東大に環境学は可能か？」というやや挑戦的なタイトルで話をすることになった。宇井先生の自主講座公害原論の「開講のことば」を引きつつ市民の科学として環境学を定義し、環境学の担い手である環境学者になる方法として私の提唱している「らせん型モデル」を紹介した上で、最後に本題に取り組む構成とした。飯島伸子先生の『環境社会学のすすめ』（丸善ライブラリー）の記述や、西村肇先生の『水俣病の科学』（日本評論社）を引いて、かつて東京大学では環境学がタブーとされたことがあったという事実を確認した上で、当時と現在とで何が変わり、何が変わっていないかを検証すれば、答えが出せるのではないかと結んだ。

この東大と環境学との関係についてはより以前から問題意識があり、東大で環境問題に取り組む者の「原罪」などと言っては後輩たちにいやがられていた。また、新領域創成科学研究科環境学専攻の助手をしていた際に、宇井先生や西村先生、中西準子先生などを招いて「東大に環境学は可能か」と題したパネルディスカッションを開催することを考え、宇井先生には協力依頼をしていた。私の企画書に対し宇井先生は、「自主講座の経験、なぜ自主講座になったか、なぜ私はクビにならなかったか」、「（当時の）学生の反応はどうだろうか」、（成果をまとめて「環境と公害」の特集にできないか？）「できると思う。（特集のタイトルは）日本における環境学の成立（ではどうか）」といった書き込みをして返してくださった。

その後、私の任期切れ・異動などのため企画の実現ができないまま月日が過ぎてしまい、せめて問題意識だけでも後輩たちに伝えておきたいと考え、先のテーマ講義での講演となった。

「環境三四郎」の教科書は、後輩たちから宇井先生にも届けられた。ちなみに、『環境と公害』(三十五巻二号)の水俣病特集に寄せられた宇井先生の論文(この論文を入稿された直後に入院され、『環境と公害』最後の掲載論文となった)には、私のテーマ講義の講演に応えてくださっている箇所がある(「水俣病――その技術的側面」の第十節「研究への圧力、妨害の存在」)。私が引用した飯島先生の記述では「A教授」と伏せられていた部分を実名で表記し、田宮委員会や「グループ1984」など東大教授の匿名活動による妨害の存在を指摘している。後者に関しては、後日療養中のご自宅でお会いした際に「まだ生きている人もいるので実名を出さなかった」とおっしゃっておられた。これが宇井先生とお話しする最後の機会となってしまった。

自主講座には宇井純(富田八郎《とんだやろう》)というカリスマがいて、それを学生や市民の運動が支えたのではないかと推測する。一方、「環境三四郎」は未だ学生を中心としたサークルであり、毎年世代間のバトンリレーで活動をつないでいる。今年の新入生は創立から数えて十五代目を迎え、年数だけは自主講座に並んでしまう。比較すると、「環境三四郎」は「独活の大木」に過ぎないかも知れないが、宇井先生の残されたメッセージを継承・発展させるべく未来への歩みを進めたい。

紀子夫人への手紙

宮本憲一
大阪市立大学名誉教授

宇井君の死去はまことに残念でした。ちょうど沖縄の基地問題の調査にいっており、通夜にも告別式にも参列できず申し訳ありませんでした。これまでの四十年にわたる交遊からいえば、当然弔辞をのべなければならぬところ、以上のような事情で柴田徳衛さんにお願いしました。柴田さんからＦＡＸで弔辞の原文がおくられてきましたが、宇井君の仕事や情熱がよく表現されていました。安心しておまかせいたしました。

宇井君と最初に会ったのは、一九六六年頃だったと思います。彼はアルバイトで貯めたお金で水俣に調査にいっていましたが、その途次に相談があるというので大阪に寄ってくれたのです。当時、彼は工業技術者として進むことと、公害の社会科学的な調査と執筆をするジレンマに悩んでいました。公害ということばが辞書にない時代で、私と庄司光さんの共著『恐るべき公害』(一九六四年、岩波新書)が、このことばを定着させることになったぐらいですから、世間とくに学界からの圧力が、公害研究に重くのしかかり、そのような状況の下でこれからどのように研究をすすめればよいかという相談でした。

私も経済学者として、公害という学際的領域で、これまで経済学の業績の少ない分野をきりひらくことで、頭を痛めていましたので、その夜は朝まで飲みながら話をしたことをなつかしく思い出します。別れにあたってはお互いに、公害研究を協力して発展させるべきだと結論したのです。彼がその後出版した『公害の政治学』は工学者の手になるものですが、社会科学としても傑作であり、水俣病研究の基盤を確立した作品でした。

幸いにしてそれから市民の間で公害反対や市民運動が発展し、公害や環境問題の研究を妨害する人は少なくなっていきましたが、それでも四大公害裁判が勝訴する七〇年代半ばまでは、政府や財界の圧力は相当なものでした。とくに東大のようなアカデミズムの牙城では公害の講座はおろか研究の妨害もつづいていました。学生の叛乱もあって、彼の公害原論という自主講座がこの時代の大きな社会教育の柱であったと思います。

彼と私は公害反対の運動と理論については対立することも多くありました。論争もしました。研究についても分野がちがっていたので評価も異なるところがありました。しかし、敵対したことはなく、よい論争相手だったと思います。思い出の中で色が濃いのは、一九七五年の世界環境調査です。これは後に上下二巻で岩波新書から出したものや、唐木清志さんのルポなども入れて中日新聞社から出版されたものがあります。都留先生に命じられて私が団長となって、約一か月世界をまわりました。年輩組と若年組と、アメリカで別れて、宇井、原田、唐木の三氏と私が、アラマゴールドを出発点にカナダにはいり、さらにヨーロッパを廻りました。カナダのインディアンの水銀中毒事件の調査は、今から思えば氷上飛行機（よく墜落していました）で往復するという冒険旅行でした。いまだにこの問題は解決していず、公害の典型である差別が原因の社会問題でした。この旅で彼が高所恐怖症であったことを知り、彼の愛すべき弱点を知りました。

このように書いてくると思い出はつきない感じです。先述のように論敵でもありましたが、『水俣レクイエム』（岩波書店）に書いたように、「彼がもし野たれ死にをしても彼の骨は拾ってやると、ずっと思っていました」。幸い、宇井君は野たれ死にすることなく、それどころか、晩年も沖縄をはじめ沢山の地域から尊敬され、支持されて、立派に輝かしい一生を終えられたことは、友人として心から敬意を払います。野たれ死にをした田中正造の時代よりは、日本も少しはよくなったのかもしれません。しかし、おそらく学界の内部はそれほど民主化しているとは思えません。彼の志をついで若い研究者が貧しい被害者の立場に立って、公害や環境問題の解決に死力をつくしてくれることを願わざるにはおれません。

学長を辞めて、時間の自由ができたにもかかわらず相変わらず少しもひまができず、おくやみの手紙が今日までおくれたことを申し訳なく思っています。

おそらく、いろいろの団体が「偲ぶ会」の企画をもっているようなので、そういう機会にでもおめにかかれれば幸いに思っています。さいごに宇井君の冥福を祈ります。

【出典　「新・宇井純物語」http://www14.plala.or.jp/wappa/uijyun/sub01/04/sub043.html】

思い出と感謝と

宇井純の家族より

終わらない話

佐田美香（長女）

父についての最も幼いときの記憶は、もしかすると、たびたび大学に泊まり込み出張も多い父を、母に「お父さん今度いつ来るの」と人前で訊ねて叱られたことかもしれません。

父がこわい音楽を聴きながら机に向かっており、母に言われてそっと音を立てないように外に弟と遊びに出たこと（シェーンベルグかバルトークを聞きながら原稿を書いていたのでは）、書斎兼父母の寝室に置いてある瓶の、おそらくは新潟から持ち帰った試料の水を大切なもので毒だからさわってはいけないと言われたこと（大事だということと毒があることとが当時の私には相反することに思えました）、お客さまと父の厳しい低い声が遅くまでいつまでも続くのが夢うつつに聞こえてきたことなど、小学校に上がる前の父に関する記憶はどれもとぎれとぎれです。

父の記憶でとりわけ鮮明なのは、思春期になって、学生さんの水質調査に同行させていただいたことです。中でも山形県の真室川流域へ夏旅行した思い出は、初めてみる東北の山の緑の濃さと予想外の暑さ、高校の理科実験室からの山が迫る雄大な眺め、納豆がしょうゆに泳ぐ宿の食事のしょっぱさ、いくら洗っても減らないように思われる試験管の山、慣れないメスピペットでの試薬計量の難しさ、本当によく怒鳴られた私を父に叱られるたびになぐさめてくださった学生の皆様の面影など、今回ベトナムに来てからも夢に出てきました。

今思うと水質調査に興味を持ってほしかったのかもしれません。しかし、大学を出るまで、水質に関する仕事以外でやりたいことは何かと考えました。弟も栃木県での調査に同行させていただきましたが、厳しい体験だったようです。子供の限界が見えないでぱっと怒鳴ってしまう父を子供たちは結構こわがっていましたが、学生のみなさまは大丈夫だったのでしょうか。

沖縄に行ってからの父はずいぶん穏やかに見えました。父なりに伝えたいことに加えて、伝えることの難しさと楽しさを話してくれるのですが、いったん話が始まるとなかなか終わらない。そのうえ話をさえぎると怒り出すので、編み物を持ち込んで編めた段数で話の切り上げ時をはかったこともありました。話を聞いてもらえるのが当然と思っているところはつくづく学校の先生だと愚痴を言い笑われましたが、もっと聞いておけばよかったと今となっては後悔もしております。

あたりを振り回す父でした。これほど多くの方が大切に思ってくださったことが娘の私には不思議で、ありがたく思えます。

父の思い出

宇井正之（長男）

子どもの頃は、父を知る人に「怖いお父さんでしょう」とか「立派なお父さんだね」と言われる事がありましたが、特別にかっこ良いわけでもない普通の父親でした。こんな一面もあったと言うことで、私が子どもの頃の、父のエピソードを書こうと思います。

私が憶えている一番古い父の姿は、長期の旅から帰ってきた父が玄関から入ってくる場面です。私たち子どもが小さい頃から、父は各地を飛び回っていました。ただ、全く家にいなかったわけでもなく、書斎で原稿を書いていることも多かったのです。

時折父は、夕方にパチンコに行き、帰りにお寿司屋さんに寄ることがありました。豪徳寺駅の近くの大鮨という店がお気に入りで、よく一人で出かけていきました。あまり遅くなると、父を迎えに行くのが私の役回りで、何度かお店に行ったことがあります。普段の父は家ではあまり笑ったりはしないのですが、迎えに行くと大抵ニコニコしていてとても機嫌が良く、大抵酔っ払っていました。

父は酔っ払った時によく母の名前を、節をつけて何度も歌いました。家族では「紀子さんの歌」と呼んでいました。お寿司屋さんでもこの歌を歌ったらしく、女将さんが私に「お母さんの名前は、何ていうの?」と心配そうに聞いてきました。「のりこです」と答えると、ホッとした顔をしていました。

また、ある時は、途中の道で眠りこけていたこともあります。どんなに酔っ払っていても、不思議と家には帰ってこられる事を私たち家族は「帰巣本能」と呼んで父の特技の一つだと感心していました。

父が、海外に行ったときにはお土産を色々と買ってきてくれました。母には大抵小さな置物でしたが、子どもたちにはミニカーを買ってきてくれました。私と弟は喜んでいましたが、姉がどう感じていたかは分かりません。でも、姉のミニカーはワインレッドの物だったと記憶しているので、父なりに気を使っていたのかもしれません。

父はかなりのヘビースモーカーで、好きなタバコはハイライトでした。書斎は灰皿いっぱいの吸殻があり、いつもタバコの匂いがしていました。そんな父が、ある年の三月末に「四月一日から禁煙するぞ」と言い出しました。本人はエイプリルフールのつもりだったのですが、言い出した日が三月だったので、嘘だと認めてもらえず、本人も引っ込みがつかなくなったため禁煙をすることになってしまいました。その後何年も父は隠れてタバコを吸っていたようですが、表向きは吸う事がありませんでした。沖縄に住んでいたとき玄関先の鉢植えによくタバコの吸殻が生えてくると母が言っていました。

父は年代のせいか、表立って家族に愛情を表現することはありませんでしたが、大切に思っていたのだろうと思います。私が始めて一人旅をしたときに、母から「お父さんが心配していたよ」と言われたときはとても意外に思いました。父が心配をしている所を当時は想像できませんでした。しかし、私も子どもができてみるとその気持ちが良く解ります。

私の息子は、性格が父に似ていると母に言われました。頑固で言い出したら聞かない所や、都合が悪くなると聞こえないふりをする所、意外とやさしい所などが良く似ているそうです。

母は父が亡くなった時に、私の息子に「おじいちゃんはお星様になって見守っているからね」と言っているので、息子は星を見るたびに「おじいちゃんはあそこにいるんだよ」とか、プラネタリウムに行ったときは「おじいちゃんのいるのはどれ？　ヴェガ？　アルタイル？」などと聞いてきます。

私の息子はまだ幼かったため、父とほとんど会話らしい会話はしていないのですが、何かしらを受け継いでいるのだろうと感じます。父と一緒にいた方々が、父の意思を受け継いでいっていただければ、父の生涯も良いものであったと思います。ありがとうございました。

溜息をつくな

宇井　修（次男）

父が米国ミシガン州にフルブライト留学した時、私は小学校六年生でした。初めての転校でこれまでの友人知人と別れ、言葉の通じない状態で現地の中学校へ通いました。当時の私は周囲とコミュニケーションがとれず、心配した学校の生活指導の先生が両親を呼び出す程でした。ある日、父と近所のスーパーマーケットに買い物へ行った日のこと、私が何度も溜息をついていたのでしょう

「何度も溜息をつくな」

と強い口調で怒られました。当時は日々気分がふさいでいましたし、本当に一分間に何回も

溜息をついていたのでしょう。私は溜息をついている自覚は無かったのですが、父に叱られ、その時に溜息を飲み込むことを覚えました。

意思の力で自分をコントロールすること、自分をコントロールすることが出来ることをその時に父から学ぶことが出来ました。家族の中で弱気のオーラを発していると、父は非常に機嫌が悪くなりました。

父は指導を受ける学生の皆さんにとっても非常に「怖い人」だったようです。その人の心の中に迷いがある時、相手を凝視して内省を促す眼力というものが父は強かったのだと思います。普通の大学生には、赤の他人である教官からそのように睨まれることは、あまり経験したことがないでしょうから、父の凝視の前では非常に怖かったと思います。我々娘、息子一同は、そんな父の眼力に日々曝されていたお陰で、どんな相手でも馬耳東風で受け流すという技を子供の時から身に附けて耐性が付いてしまったのですが、大学に入って初めて父に接する学生の皆さんには非常に怖かったようです。

それでも父は多くの方々に慕われていました。意志の力を表出すること、プラスのオーラを発することが周りの方々にプラスに働くことを良く知っていたのだと思います。父が意志が強い人間だったとは思えません。人から勧められたお酒も断らず、禁煙も殆ど実行出来ませんでした。ただ、周りの方々のプラスのためには自分をコントロールしなければならないこと、そのことを人一倍感じていたのではないかと思います。周りの皆様をポジティブに方向付けるためには、自分がネガティブになるわけには行きませんから、自分で自分をプラスにコントロールする重要性を肌身で感じていたのだと思います。

以上、今三回忌を迎えて、父の思い出や父から学んだことを頭の中で整理したことを記させて頂きました。

兄を支えていただきありがとうございました

加藤美知代（妹）

私は四人兄弟姉妹の末妹で、兄は長兄であり十歳年齢が離れております。従いまして本来なら兄以外の三人の中で上の方の次兄などが御礼申し上げるべきところでありますが、次兄はこの兄よりも六年前に癌で亡くなり、姉も都合がつかないため、これまでの兄の活動や生活など様々なところで、公私にわたり支えていただきました皆様に御挨拶をさせていただきますことを恐縮に思います。

兄とは年齢も離れていましたことから、私にとりましては若く厳しい父親のような存在で、幼い頃からあまり近寄りたくないものでした。そして、兄の方も幼い頃のイメージを拭いきれず、かなりの年齢に達するまで、時折実家などで会ったときには、日頃の私の生活について批判や注意されることばかりの接し方だったと記憶しております。また、自分の仕事の手伝いなど有無を言わせないやりかたで手伝うことを強要し、自分の始めた研究や活動についても色々話を聞かされたという印象があります。こちらが興味を持っているかどうかおかまいなく話をしていたので、私はその内容については殆ど覚えていないことが多かったことを思い出します。しかし、一方で一般的な兄として、中学生の頃には奈良や和歌山など旅行に連れていってくれたり、私の子供達の仕事を心配してくれたりといろいろと気遣い、それなりの兄としての役割はしてくれたこともあり、良き兄でもありました。

私や私の夫が大学や高専で教えていたこともあり、年齢を重ねるに従って次第に、研究内容や学生のことなど共通の話題が持てるようになり、互いの意見を話し合えるようになり、実験結果が得られるような研究時間が殆ど持てなくなったことにより、講演の中での具体的裏付けを指摘された時の気持などの悩みも話したりするようになりました。そして、お互いに退職して、これから何か力を合わせて作っていけるかもしれないというときに亡くなりました。

四年前の夏頃に、日頃から兄の考えに賛同して施設を作り、技術指導をしていることに対して、自分は研究のためなのでその方法が万一考えていたようにいかなくても生活にも響くことは無いが、実際に実施している側は、全生活をかけていることを肝に銘じて取り組んでいきたいと考えているなどと話したことが、ゆっくり話をした最後になります。その後、あの話のような兄の気持ちを伝えることも出来ずに逝ってしまい、途中で放棄したことになってしまったことは、様々なところで、多くの方々に沢山の御迷惑をおかけしたことと思います。

また、私は若い時から兄とは離れた山口に住み、自主講座についても殆ど聞いたこともなく、時々送ってくる公害関係の出版物や新聞などで様子を知る程度で過ごしてきましたが、昨年の「偲ぶ会」に多くの方々が参加され、またこの本の出版に御尽力いただき、最後まで多くの方々の御好意のもとに励まされ助けられたことによって、まだやるべきことを残していたのでしょうが、兄は、幸せにそして充分に力の限り生きたのだと思っております。

拙い文になりましたが、私の心よりの御礼が届きますことを願っております。

「ありがとう」の言葉を残して

宇井紀子

亡くなる約一ヶ月前の十月三日に医師より説明があり、大動脈瘤が大きくなっており、もう手術も出来ないと告げられました。子供達とも相談し、本人も伝えたいこともあるだろうからと、医師より本人へ報告していただきましたが、動揺することもなく、痰に苦しみながらも、それぞれに感謝の言葉を残してくれました。私には「四十二年間ありがとう」と言ってくれ、私も「いろいろ教え、育ててくれてありがとう」と、連れ添ったことに感謝し、一九六〇年〜一九七〇年代には脅迫の電話や葉書などが来て、怖い思いもしましたが、本人はもっと大変であったろうと思います。宮本憲一先生が「宇井君がもし野垂れ死にをしても彼の骨は拾ってやると、ずっと思っていました」と言って下さっていますが、本当に厚生省に座り込んで逮捕された時、「大丈夫ですか？」と、一番に電話をくださいました。

二〇〇六年十一月十一日午前三時三十四分、私、三人の子供達夫婦、孫達に囲まれて土へと帰って行きました。宇井は常日頃、本当の前衛というものは堆肥のようなもので、大輪の花が咲く時には土と化して見えなくなっているものだ、と話していました。宇井は公害が無くなる日、自分が必要なくなる日を夢みておりました。静かに土に戻ることが出来、その上、桐ヶ谷斎場での通夜、葬儀には七百名を超える方々が沖縄から、北海道から、温かい心のこもった見送りをして下さいました。

そして、十二月二日には大牟田で「偲ぶ会」をして下さいました。

年が明けて二〇〇七年三月二十三日には十七年間過ごした沖縄大学にて、沖縄大学や学生、OB・有志、沖縄環境ネットワークを中心に沖縄・八重山・白保の海と暮らしを守る会、ジュゴン保護基金委員会、ゴミ問題を考える会等、二十六団体が協賛して「宇井純を偲ぶ会」を催して下さいました。その日は、午前九時半から沖大のバスで恩納村の仲西美佐子さんの手作り石鹸工場見学、手作りのおにぎりや豚の角煮等の昼食を皆でいただき、午後は大里村の金城農園で宇井設計の家畜し尿処理場等を見学、大学に戻り、四時から櫻井国俊沖縄大学長の宇井についての講演。夜はこれまた心のこもった手作り料理の数々、そして沖縄各地の水、東シナ海の海水、那覇の街中を流れる久茂地川の水、泡瀬干潟の水等々、幾鉢かの水に南国の花々を浮かべ、周りにはあふれるばかりの花が飾られ、沖縄の各地の水に各人が花をささげて冥福を祈って下さいました。すばらしい偲ぶ会でした。私共家族、孫まで十名全員で参加させていただき、心から感謝いたしました。

七月二十三日には東京で「学ぶ会」と「偲ぶ会」が昼から夜にかけて催されました。午後一時からは二十一年間勤め、大学、修士、博士課程と計三十年余りを過ごした東京大学の安田講堂にて、公開自主講座「宇井純を学ぶ」を開いてくださり、原田正純、淡路剛久、櫻井国俊、最首悟、吉岡斉、宮内泰介の順で各先生方がご講演くださり、引き続き小林和彦、井上真両先生の司会で三輪大介さん、友澤悠季さん、山下英俊先生、鬼頭秀一先生の順でパネルディスカッションが行われ、締めのお話を宮本憲一先生がして下さいました。会場には全国から千人以上の方々がお集まり下さいました。

夜の部は、会場を文京区民センターに移し、作家の石牟礼道子さんのメッセージをはじめ、まだまだお元気だった記録映像作家の土本典昭さんが献杯の音頭を取ってくださいました（氏は、二〇〇八年六月二十四日逝去されました）。

「偲ぶ会」は、桑原史成、板東克彦、矢野忠義ご夫妻（メッセージ）、早乙女順子、平仲信明、柳田邦男、立川勝得の各氏が貴重なお話をしてくださり、バイキング方式の懇談会では会場いっぱいの四〇〇人近くの方々の間で有意義なお話があちこちでされ、輪に入れていただいた私も嬉しさ、懐かしさで胸がいっぱいになりました。そして、ここでの話をこのままではもったいないと思い、「学ぶ会」「偲ぶ会」を軸に亜紀書房に私からお願いしてこの追悼集を作るに到った次第です。

振り返りますと、宇井は――

一、『公害原論』や『公害の政治学』を英文出版して、アジアや発展途上の国の方々のお役に立てたい。

二、『公害原論』『公害の政治学』のその後の概説書を書きたい。

三、自然を読んで仕事をする、回分式・酸化溝を使った水の適正技術の仕事を推し進めたい。

四、関東平野の上流県の水源の地・栃木県で一九六三年から始めた水質調査データがある。

後輩の栃木高校化学部の活動として亡くなる前まで一緒に歩き水質調査をした。すでに四十五年のデータがある。このように長期にわたる一地域の変化のデータは貴重で、伝統校としてまた水資源県として、百年のデータを作ってほしい。

——等やりたい事は山ほどあったと思いますが、命を尽くして、悔いなく精一杯生きたと思います。

良き先輩、同輩、後輩のお力添えがあったからこそ、ここまで行動出来、いろいろ実行することが出来ました。皆様に厚くお礼を申し上げ、感謝の言葉といたします。

同じ失敗を繰り返さないため、公害をなくし、せめて今ある環境を守るために、宇井からのメッセージを未来の方々に伝えられたら幸せです。

宇井純の歩み《略歴》

1932年　6月25日、東京生まれ。
1939年　4月、茨城県立女子師範学校付属小学校入学。
1945年　4月、栃木県栃木中学校（旧制）入学。
1946年　一家で栃木県壬生町の開拓団に参加。
1948年　4月、栃木高等学校入学（新制第1期生）。
1951年　4月、東京大学（理科Ⅰ類）入学。
1956年　3月、東京大学工学部応用化学科卒業。
1956年　4月、日本ゼオン株式会社入社、富山県高岡工場へ配属。東京、大阪への転勤を経て、1959年退社。
1959年　4月、東京大学化学系大学院応用化学研究生。夏ころ、新聞記事で熊本県水俣市の「奇病」事件を知る。応用化学の学生の工場見学に紛れ込み、初めて水俣を訪れる。
1960年　4月、同修士課程入学、プラスチック加工の研究開始。安保闘争のデモに一学生として参加。安保条約成立後、排水処理への関心から、土木工学科を訪ね、秋には工場排水調査に同行（北海道旭川国策パルプ工場）。

1962年　3月、修士課程修了。4月、同大数物系大学院土木工学博士課程入学。下水処理の研究開始。この年、写真家桑原史成氏とともに水俣病の原因がチッソ（株）からの排水との証拠をつかむが、公表できず悩む。

1963年　3月、『技術史研究』（現代技術史研究会会誌）に筆名・富田八郎《とんだやろう》で水俣病事件に関する連載を始める（1964年より同内容で合化労連機関紙『月刊合化』にも連載開始）。研究室では、栃木県水質汚染水系統調査開始。

1965年　3月、同課程中退。4月、工学部都市工学科助手任官。6月、新潟で第二の水俣病事件発生を新聞記事で知り、夏、『朝日ジャーナル』の新潟水俣病取材へ細川一医師らと同行。

1966年　ドイツ・ミュンヘン水質汚濁国際会議にて、新潟水俣病事件に関する英文報告。

1967年　6月、新潟水俣病事件における被害者家族が昭和電工を相手どった訴訟を提起、宇井は輔佐人として弁護団に参加。

1968年　7月、『公害の政治学―水俣病を追って』（三省堂）出版。8月、世界保健機関（WHO）研究員としてヨーロッパ調査。スウェーデン、チェコスロバキアなどをまわり、ポーランドでワルシャワ大学を訪ねる。1969年1月、ハンガリーで東大安田講堂攻防戦ニュースを知る。オランダにて酸化溝による汚水処理技術を学び、のちスイスでの

1970年　学会で知りあった研究者らとイタリアの水銀調査を行なう。1969年10月末帰国。
3月8～14日、国際社会科学評議会主催「現代世界における公害についての国際シンポジウム」出席、部会司会等をつとめる。
5月、厚生省補償処理委員会による熊本水俣病事件被害者に対する低額補償あっせん案に抗議し、十数人で厚生省内に座り込む（逮捕ののち不起訴）。
10月、東京大学工学部82番教室にて、工学部助手会のメンバーとともに、誰でも参加できる夜間講座として自主講座「公害原論」を開講。1985年まで続ける。
1970～71年　国連海洋汚染研究専門家会議（GESAMP）出席。
1971年　5月、沖縄を初訪問（安和・勝山琉球セメント煤塵被害反対運動ほかと交わる）。高知パルプ生コン事件特別弁護人となる。
1972年　ストックホルム人間環境会議開催にあわせて水俣の浜元二徳さん、坂本しのぶさんらとともにアピールを行なう。
1973年　自主講座実行委員会、英文ニュースレター　KOGAI Newsletter　創刊。
1974年　生越忠氏とともに自主講座「大学論」開講。
1975年　第一次・第二次「世界環境調査団」団員としてカナダ・インディアン集落等を訪れ水銀汚染問題を調査。

1976年　カナダで行なわれた国連人間居住（ハビタット）会議を皮切りに南北アメリカを3ヵ月かけて歩く。

1977年　自身が参加していた革新自由連合などから革新系無所属議員として参議院選挙全国区へ出馬することを要請されるが迷った末固辞。東大駒場キャンパスにて、「駒場講座」開講。

1979年　若者むけの自伝『キミよ歩いて考えろ』（ポプラ社）出版。10月、自主講座実行委員会が中心となってアジア環境協会（ＡＥＳ）再建のためのセミナー開催、会長に就任。

1980年　アジア経済研究所が受託した国際連合大学の「技術の移転・変容・開発―日本の経験」プロジェクトの公害部門のコーディネートを依頼され、引き受ける。12月、イヴァン・イリイチの来日にあわせ、沖縄・水俣を案内。

1982〜83年　フルブライト基金上級研究員としてミシガン・ステート大学へ留学。

1985年　3月、自主講座「公害原論」閉講。

1986年　3月、東京大学を退職。4月、沖縄大学法経学部教養科教授。沖縄到着後すぐに新石垣空港建設反対運動に参加。以降、県内の乱開発、土地改良事業等による赤土流出問題、畜産排水等による河川の水質汚濁問題などに取り組む。沖縄大学内では、教養ゼミ「沖縄の水」を主催。廃油石けん作りや、講演記録を基にした教材（ミニ本）をゼミ生らと作成。

1987年　沖縄県を対象として地質・地理・生物・化学の専門家が調査し講義する「沖縄の環境科学」を隔年開講。沖縄大学図書館長就任。

1988年　恩納村喜瀬武原のブロイラー農場の依頼を受け、小規模で費用負担の少ない排水処理施設を設計、運転開始。沖縄大学地域研究所初代所長就任（～1992年）。

1990年　『沖縄大学地域研究所所報』『沖縄大学地域研究所年報』創刊される。8月、沖縄大学のゼミ生らと台湾公害調査。

1991年　大学で溜めた雨水・下水を再利用した中水システムの試みとして、自ら設計した浄化槽が沖縄大学内に完成。日本におけるエコロジー思想の源流をアンソロジーで探った『谷中村から水俣・三里塚へ』（社会評論社）出版。

1992年　5月、1年ほどの海外研修でカナダ、ブラジル、オーストラリアほかヨーロッパ・アジアの各国を歩く。

1993年　8月、沖縄大学のゼミ生らとベトナム産業公害調査。

1994年　4月、行政に対する具体的政策提案を意図した「環境フォーラム」第1回目を沖縄大学内で開催。7～9月、NHK人間大学シリーズ「日本の水を考える」に出演。10月、JICAの要請を受けてニカラグア・レオン市を訪れ、下水処理場改善に専門家として協力（〜1996年）。

1995年　沖縄県赤土防止条例施行、排出基準検討委員会に参加するが、2002年には会の方向性を批判し辞任。

1997年　4月、法経学部法経学科開設、教授就任。「沖縄環境ネットワーク」発足、世話人に就任。また7月より、「水俣病に関する社会科学的研究会」（座長・橋本道夫）に委員として参加。

1998年　豚舎排水処理の共同研究を沖縄県農林水産部長に持ちかけ、畜産試験場との協力で回分式酸化溝の普及をめざす。沖縄環境ネットワーク主催による「合併浄化槽普及研究会」（主として生活排水が対象）もはじまる。

2000年　7月、名護市で開かれたG8沖縄サミットにあわせた「国際環境NGOフォーラム」の開催に携わる。

2003年　沖縄大学退職、同大学名誉教授。

2004年　沖縄で試みてきた畜舎排水処理システムをわかりやすく普及するためのブックレット『沖縄型・回分式酸化溝のすすめ』（発行・沖縄環境ネットワーク）がまとまる。

2006年　11月11日、東京都内の病院にて逝去（享年74）。

《受賞歴》

1970年　フィンランド自然保護協会特別大賞受賞（水銀汚染の危険性を警告したことに対して）

1972年　毎日出版文化賞受賞（宇井純編『公開自主講座「公害原論」第2学期1～4』〈勁草書房〉に対して）

1990年　スモン基金奨励賞受賞

1991年　国連環境計画（UNEP）グローバル500賞受賞（※1990年に一部で受賞の報道がなされたのは誤報）。

2002年　第1回アジア太平洋環境賞受賞

【作成者注記】この年譜は、さる2007年6月に行なわれた宇井純さんの追悼企画「公開自主講座・宇井純を学ぶ」当日配布冊子に寄せた「宇井純さんのあゆみ」を加筆・訂正したものです。改稿にあたっては、下記の文献・ウェブを参照しました。また、埼玉大学共生社会教育研究センター「宇井純公害問題資料コレクション」所蔵資料および同検索データベースにもお世話になりました。記して感謝申し上げます。（友澤悠季）

宇井純『キミよ歩いて考えろ』（ポプラ社、1979（1997））

宇井純編『公害自主講座十五年』（亜紀書房、１９９１）

山里将輝「宇井純先生　経歴・著作・論文目録」『沖縄大学紀要』15（１９９８／５～10）

宇井純先生を偲ぶ会編『宇井先生の志をいつまでも―知識と技術を人々の幸せのために』（２００７年３月25日、沖縄大学にて行なわれた会での配布冊子）

宇井純「ある化学技術者の足取り」上・下、現代技術史研究会編『技術史研究』74（２００４・６）・75（２００６・８）

さうすウェーブ（http://www.southwave.co.jp/swave/）内「ひと・宇井純さん」（２００８年10月２日確認）

公開自主講座「宇井純を学ぶ」実行委員会編集・発行『公開自主講座「宇井純を学ぶ」』（２００７年６月23日、東京大学にて行なわれた会での配布冊子）

ある公害・環境学者の足取り
追悼 宇井純に学ぶ（新装版）

2016年8月2日　第1版第1刷発行

編者	宇井紀子
発行所	株式会社亜紀書房 郵便番号101-0051 東京都千代田区神田神保町1-32 電話……(03)5280-0261 http://www.akishobo.com 振替　00100-9-144037
印刷	株式会社トライ http://www.try-sky.com
題字	宇井静心
装丁	株式会社トライ

Printed in Japan
ISBN978-4-7505-1468-0 C0036